Roller Skating Tutorial

轮滑运动教程

主编 ◎ 贾丽敏

副主编 ◎ 安 梦　纪承志　赵苏妙　姚 鹏　周建梅

北京理工大学出版社

BEIJING INSTITUTE OF TECHNOLOGY PRESS

图书在版编目（CIP）数据

轮滑运动教程／贾丽敏主编．－－北京：北京理工大学出版社，2022.4

ISBN 978 - 7 - 5763 - 1252 - 2

Ⅰ.①轮… Ⅱ.①贾… Ⅲ.①滑轮滑冰—教材 Ⅳ.①G862.8

中国版本图书馆 CIP 数据核字（2022）第 061523 号

出版发行／北京理工大学出版社有限责任公司

社　　址／北京市海淀区中关村南大街 5 号

邮　　编／100081

电　　话／（010）68914775（总编室）

　　　　　（010）82562903（教材售后服务热线）

　　　　　（010）68944723（其他图书服务热线）

网　　址／http://www.bitpress.com.cn

经　　销／全国各地新华书店

印　　刷／保定市中画美凯印刷有限公司

开　　本／787 毫米×1092 毫米　1/16

印　　张／12.5　　　　　　　　　　　　　　　责任编辑／刘　派

字　　数／295 千字　　　　　　　　　　　　　文案编辑／侯亿丰

版　　次／2022 年 4 月第 1 版　2022 年 4 月第 1 次印刷　　责任校对／周瑞红

定　　价／45.00 元　　　　　　　　　　　　　责任印制／李志强

PREFACE

前言

轮滑运动是大学生及轮滑爱好者追求新奇动感速度的项目，虽然起步较晚，但是深受广大青少年的喜爱。

轮滑运动包括花样轮滑、自由式轮滑、速降轮滑、轮滑球、Jam Skating（美式轮舞）、Roller Derby（轮滑阻拦赛与对抗大赛）、极限轮滑以及速度轮滑等项目。这些项目为每一位轮滑运动爱好者提供了一种展现青春风采的时尚运动方式，使每一位参与者都能在运动中感受健康快乐。生命需要阳光和空气，更需要体育锻炼。领略体育的魅力，拥有健康的体魄，是师生共同的出发点。

为贯彻落实"健康第一"的指导思想，编者通过查阅国内外有关轮滑运动的书籍与资料，始终突出"以人为本、健康第一、终身体育"这一理念，寓教于乐，以身心和谐发展、思想政治教育、文化科学教育、体育技能教育为一体的传授过程，实施素质教育与培养新时代创新型人才相结合为目的，编写了本教程。

本教程以正确的思想与练习的方式方法引领轮滑运动爱好者自学，促进学生以健康为主线，融体育知识、健康知识、体育文化于一体；坚持人本理念，体现个体差异，满足不同层次学生与轮滑运动爱好者的需要，突出个性培养，为终身体育奠定基础。

本教程由贾丽敏担任主编，安梦、纪承志、赵苏妙、姚鹏、周建梅等共同参与编写工作；动作示范由殷辰、北京理工大学酷爱轮滑社团与滑板社团学生完成。

在编写本教程的过程中，得到北京理工大学校领导、体育部、教务处和北京理工大学出版社相关领导的支持，在此表示诚挚的谢意！同时，对参考并引用的教材、专著及文献资料等相关作者表示真挚的感谢！

对于书中有待商榷之处，恳请读者批评指正。

编　者

目　录
CONTENTS

理　论　篇

健 康 篇

安 全 篇

实　践　篇

拓 展 篇

理论篇

第一章
轮滑运动概述

第一节　轮滑运动的诞生

我国古代有冰嬉运动，如图 1.1.1 所示。

图 1.1.1　冰嬉运动

　　"滑旱冰"或"滚轴溜冰"通称为轮滑运动，从字面上就能发现二者都与"冰"字有关，滑冰运动起初使用兽骨缚于脚下滑冰，后来演变成用一根铁条嵌在鞋底上来提高滑行速度。在满族未入关前，努尔哈赤就率众兵在太子河畔跑冰戏、踢行头；满族的先世女真人善于冰山滑行："冬春之季，冰雪载地，凡薪米器用，皆用冰床载用，犬数十，负之而行，驱以长鞭，驰数百里，遇冬日坚冰，足蹈木板溜冰而射，其妇女尤善伏弩捕貂。"由此可见，冰嬉既是满族的民俗，也是人民生产生活中使用的重要代步工具。乾隆和道光年间冰嬉运动最为活跃，宫廷内外的冰上运动十分兴盛，并且内容千姿百态，形式多种多样。史料记载，冰嬉不仅得到王公贵族的青睐，也受到广大百姓的喜爱，逐渐从军事练兵演变成一种娱乐生活的体育项目。在人类生存活动中，冬季的滑冰和滑雪活动逐渐演变而延伸到夏季，成为一种特殊体育运动形式，以此来满足喜爱冰雪运动的人们。据史料记载，在 200 多年前，一位荷兰人第一次设计了一款灵活的既能变换身体重心又能方便穿上的鞋子。他把小木轴捆在鞋子的下面，在平坦的木板地面上滑来滑去，这为日后室内滑冰运动的形成奠定了基础，同时也促进了轮滑运动的诞生。

第二节　轮滑运动的组织

1924 年，当时的英国、法国、德国和瑞士 4 国代表在瑞士蒙特勒成立了"国际滚轮溜冰联合会"，这是轮滑运动最早建立的国际组织。随着这项运动在世界各大洲相继开展，1935 年举行首次轮式滑冰大赛。1940 年 4 月 28 日，在意大利罗马举行的第 43 届国际奥林匹克委员会议上，正式成立了轮滑运动项目的国际联合会，从此轮滑运动在世界各国得到了广泛的开展，尤其是在欧美各国更为普及。自 1936 年首次在瑞典举行世界轮滑锦标赛后，国际滚轮溜冰联合会决定，每年举行一次世界速度轮滑锦标赛（包括场地赛和公路赛）、一次世界花样轮滑锦标赛。1942 年，旱冰曲棍球运动出现。1977 年，在捷克首都布拉格举行的国际奥委会会议上，认定国际轮滑联盟为非奥运会体育组织之一。目前，国际轮滑联盟的成员国有 40 多个，主要分布在欧洲、美洲、亚洲以及大洋洲，多是一些经济较发达的国家。1952 年，国际滚轮溜冰联合会正式更名为"国际轮滑联合会"。国际轮滑联盟总部设在美国。1981 年 7 月，在美国举行的首届世界运动会将轮滑运动列入了正式比赛项目。

第三节　轮滑运动的发展

一、速度轮滑的发展史

1100 年的溜冰鞋是利用骨头装在长皮靴脚掌上制成的。它帮助猎人在冬天也能快速行进打猎。苏格兰人 Dutchman 于 1700 年爆炸性地创造了第一双溜冰鞋，他希望能在夏天模拟出冰上溜冰，于是用敲钉的线轴长条木附在他的鞋子上。在这一年，第一个溜冰俱乐部在爱丁堡成立。

另外一种新鞋出现在 1760 年。比利时的一位乐器制造商 J. J. Merlin 发明了第一双滚轴溜冰鞋，即一双配有金属轮子的长靴。一天他参加化妆舞会，从入口溜冰进去并演奏小提琴，在还不知道如何刹车以及如何控制那双附有轮子的鞋子情况下，撞向了一面价值 500 英镑的镜子（当时的镜子可比金子还贵），撞得头晕目眩，人严重割伤，小提琴也毁坏了。他在一面巨大的镜子前结束溜冰表演，直到这场舞会结束时他仍没有学会如何刹车和掌控方向。的确，单排滑轮鞋的要领不在于如何开始起步，而在于怎么才能停止滑行。

1819 年，法国的培蒂伯德（M. Peitibled）在法国发明专利中记载了第一双单排滑轮。那双鞋的构造是由 2~3 个轮子组成一直线，但是这一构想却未达到预期的"流行"

目的，而以不了了之收场。1823 年，伦敦的罗伯特（Robert John）也设计出一双新型溜冰鞋，称为"rolito"，将 5 个轮子放置成一排安装在这双鞋的底部。不过，这种溜冰鞋当时并没引起认真对待。

1863 年，美国的詹姆士（Plimpton）经过改进，设计了一双有 4 个轮的溜冰鞋且轮子是并排的。这款溜冰鞋的特点是它可以进行转弯、前进和向后溜冰，也就是最传统的溜冰鞋。1884 年，滚珠轴承的发明助推了溜冰运动的蓬勃发展。直到 1980 年，美国明尼苏达州两位热爱冰球的兄弟，为了在球季之余能够继续练习，便将轮子装在刀底座之内，产生了第一双单排轮滑鞋。这种轮子排列成一条直线的溜冰鞋正式的学名为 In-Line Skate，这就成了今天单排轮滑的正式名称。

1984 年，Rollerblade 公司开始研发各种不同用途的轮滑鞋。Rollerblade 一直是国际轮滑界领导品牌，1994 年便把德国大众集团的 ABT 简易刹车系统带入轮滑市场，就是我们今天看到的单排轮滑。单排轮滑运动不只限于曲棍球运动员，更成为一种时尚休闲运动风行世界各地。1995 年，娱乐与体育电视网（ESPN）举办第一届世界极限运动会（X Games），极限轮滑的玩法逐渐兴起在美国的各个角落。场地极限轮滑可分为STREET（街区）和 RAMP（U 形池、碗池）。极限轮滑运动起源于美国，极限轮滑鞋也不同于普通单排轮滑鞋，它是在单排轮滑中附加了许多配件。

20 世纪 90 年代初，在世界轮滑界普遍使用正宗的双排四轮轮滑鞋的过程中，轮滑运动作为速度滑冰陆地训练辅助性工具而被广泛使用。它是非冰期滑冰专项技术训练的主要手段，使得滑冰训练效果获得了空前提高。1992 年，意大利速度轮滑运动员在威尼斯世界速度轮滑锦标赛中，率先改用了单排五轮竞速轮滑鞋参加比赛，一举获得绝对优势的战绩，为世界速度轮滑界告别正中双排四轮竞速轮滑鞋，改为使用单排五轮竞速轮滑鞋开创了历史的先例。这次器材的变革又一次促进了速度轮滑运动成绩的大幅度提高。速度轮滑由于深受大众的喜爱，发展迅速。

速度轮滑直道滑行双蹬技术的创始人是多次获得世界速度轮滑锦标赛冠军的美国速度轮滑高手查德·赫德里克（Chad Hedrick）。他凭借自己高超的速度轮滑技术及通过速度轮滑练就的本领，选择了速度轮滑与速度滑冰两栖运动员的发展道路。2006 年，在意大利都灵第二十届冬季奥林匹克运动会速滑 5 000 米比赛中，他战胜了所有速度滑冰高手，一举摘得金牌，创造了速度轮滑和速度滑冰两栖运动员的新篇章，展现了速度轮滑技术风格发展的新变化。虽然以美国、意大利、哥伦比亚为代表的欧美速度轮滑技术风格仍不减魅力，但是在 2009 年速度轮滑世锦赛中，以韩国队和中华台北队为代表的亚洲速度轮滑技术风格占了上风，形成两种风格争奇斗艳的壮观局面。

欧美诸国开展轮滑运动的历史较长，普及性好，喜爱轮滑人口也多，涌现出许多实力较强的选手，而且后继有人，自然成为轮滑运动的发展强国。但是，亚洲速度轮滑崛起的势头明显，除韩国队、中华台北队实力较强以外，近几年中国队速度轮滑运动员的技术也有明显的提高，并实现了世锦赛上金牌"零"的突破。

在速度轮滑世锦赛中，随着各项比赛奖牌得主新面孔的增加，获奖的覆盖面也越来越广。世界速度轮滑运动呈现出的蓬勃景象，与当今全球轮滑运动的普及是密不可分的。

二、我国速度轮滑运动的开展

轮滑运动传入我国大约在 1930 年前后，当时开展此项运动也仅限于上海、广州、香港等沿海城市。亚洲轮滑联盟成立于 1978 年，1985 年在中国香港举行了第一次亚洲轮滑联盟执委会会议，会上决定每两年举办一届亚洲轮滑锦标赛。自 1985 年在日本冈谷举行第一届亚洲轮滑锦标赛以来，截至 2021 年已举办了 19 届，其中第三届、第八届、第十三届、第十六届、第十七届、第十九届分别在我国杭州、上海、海宁、丽水、北戴河举行。

在我国，人们把速度轮滑运动作为竞技运动项目的时间较晚。确切地说，自党的十一届三中全会以后，轮滑运动先是以文化娱乐的面貌在中国沿海经济发达地区亮相，并迅速形成"滚轴溜冰"的热潮，随后在全国各地如雨后春笋般兴建了无数个滚轴溜冰场馆，许多溜冰俱乐部应运而生。随着轮滑运动的普及，轮滑运动被正式引入了校园的课堂。中国轮滑协会成立于 1980 年，并加入国际轮滑联合会，同时在全国各地相继修建了轮滑场馆，意味着我国的轮滑运动进入了一个蓬勃发展的时期。由于轮滑运动具有速度的快感和令人炫目的花样技巧，特别受到青少年的欢迎。我国于 1985 年第一次参加国际比赛时，成绩不是很理想，技术与战术水平滞后有待改进。1989 年 10 月，在浙江省杭州市举行的第三届亚洲轮滑锦标赛上，中国运动员取得了"一银三铜"的好成绩。1999 年，在上海市又成功举办了第八届亚洲轮滑锦标赛。2008 年 8 月，在江苏省苏州市举行的第十八届全国速度轮滑锦标赛共有 36 支代表队 300 余人参加了比赛。参赛运动员的竞赛水平在不断提高，代表队的地域分布也愈加广泛；同时，竞赛的组织更加规范，裁判员的队伍也更加专业，对轮滑的理解和运用能力也更加趋于完善，赶超世界的过程中，加速国内与国际接轨。自 2017 年 9 月在安徽省合肥市举行全国速度轮滑锦标赛后，2018 年 8 月、2019 年 7 月两届全国速度轮滑锦标赛在浙江省丽水市举办；2020 年 1 月，在浙江省嘉兴市海宁举办了全国速度轮滑锦标赛。2005 年在江苏省苏州市、2009 年在海宁、2016 年和 2017 年在南京市，成功地举行了 4 届世界速度轮滑锦标赛；中国的轮滑运动正走向更加健康、和谐的发展道路。

2012 年 6 月，我国女子轮滑队运动选手郭丹获得第三届亚沙会中国首枚金牌；同年 9 月夺得第一枚速度轮滑世锦赛金牌；2016 年 11 月 11 日，2016/2017 赛季国际滑联速度滑冰世界杯哈尔滨站女子 3 000 米比赛，在男子和女子集体出发比赛中，名列女子组第 11 名；2017 年 2 月 23 日，第八届亚洲冬季运动会速度滑冰比赛女子 16 圈集体出发项目中，以 8 分 47 秒 50 成绩名列第 5 名；2017 年 8 月，在全国速度轮滑锦标赛中，郭丹获得女子 300 米个人计时赛、500 米争先赛、1 000 米计时赛、5 000 米积分淘汰赛、10 000 米积分淘汰赛 5 项冠军；2018 年 2 月 24 日，在韩国平昌冬奥会速度滑冰女子集体出发决赛中，名列第 10 名；2018 年 8 月 6 日，入选第十八届亚运会中国体育代表团名单；2018 年 8 月 31 日，在印度尼西亚雅加达亚运会女子轮滑 20 000 米公路赛中，郭丹以 44 分 50 秒 99 夺得银牌；2019 年 8 月 24 日，在第十四届全国冬季运动会速度轮滑比赛中，郭丹在女子 500 米争先赛中以 46 秒 09 的成绩夺得冠军；随后郭丹又在女子 10 000 米积分淘汰赛中以 23 分收获个人冬运会第二枚金牌。郭丹是我国第一位轮转冰的选手，为推动中国的轮滑及轮转冰起到了楷模的作用，同时也为冰陆两项赶超世界水平做出了非凡的贡献。

第四节　轮滑运动的文化

一、轮滑运动的价值

轮滑运动是一项有益于身心健康的体育运动。其独特的魅力不仅仅在于运动本身充满刺激性和挑战性，更主要的是因为轮滑运动是一项全身性的运动，活动量较大。经常参加轮滑运动能改善青少年心血管系统和呼吸系统的功能，并且对血管的形成、结构和机能都会产生不同程度的良好影响，可提高心脏功能，延缓心肌衰老。长期参加轮滑运动，特别是长距离锻炼，不仅能使心脏增大，还能增强心脏功能。研究证明，缺乏锻炼的人和经常锻炼的人相比，心率和心输出量都有着明显差异，后者优于前者。经常参加锻炼能影响血管壁的结构，改变血管在器官内的分布；使心肌收缩力增强，心容量增大；对机体的造血功能都有良好的改善作用，可提高骨髓的造血能力，同时提高红细胞的载氧能力。参加轮滑运动能提高人体的平衡能力，在滑行运动中灵活地变换身体的重心，维持身体平衡，从而增强臀部、腿部和腰部的力量以及关节的灵活性。另外，它还能促进身体的新陈代谢，增强身体的协调性，对每一位轮滑运动者的身心健康极为有益。

轮滑运动主要是以个人为主体的一项体育运动：一方面，经常参加此项运动能达到表现自我、增强自信、挑战自我的目的，培养青少年勇敢的精神和顽强的意志；另一方面，轮滑运动又是集竞争性、技巧性和艺术性、健身性于一身，是体育与艺术相结合的项目。尤其是花样轮滑，不但需要较高的技巧和难度，而且需要较好的艺术表现力。从这个角度上来说，轮滑运动又是有利于培养青少年审美情趣和艺术美感的运动。从"轮转冰、冰促轮"的转换来看，它集健身、娱乐于一体，富有变化性，展现自我魅力与个性，正在成为现代社会体育运动的新时尚。

二、轮滑运动的文化含义

轮滑运动文化体现在人们的日常生活、工作、学习中，对每一位轮滑运动者来讲它是一个古老又新鲜的话题。轮滑运动文化如影随形，呈现出千姿百态，作为一种客观存在，与我们相伴而生。轮滑运动的微观文化是通过社会长期的开展普及，在轮滑运动实践中培养教育目标、弘扬传统与新生运动项目、竞赛精神、运动风气、个体与团体性的文化活动风格以及运动者的行为方式和其背后的价值观念。运动者的行为方式是轮滑运动文化整体的显现，也是整个社会文化系统中的亚文化形态，是一个内容丰富、层次清晰、立体化的有机整体。轮滑体育文化是这个整体的重要组成部分。同时，它又是内涵深刻和外延丰富的一种独特的文化现象，对于加强社会精神文明建设，提高轮滑文化质量，全面推进素质教育、政治思想教育和全面健身计划的落实，以及培养自我终身的体育意识都具有十分重要的意义。

　　校园轮滑体育文化是在校全体师生长期的办学活动中，形成的体育活动方式，创造的体育精神财富和物质财富，身体教育智慧和身体练习实践能力所体现的总和。轮滑体育文化由管理文化、教育文化和组织文化构成，为轮滑运动文化的总体发展目标服务，也是轮滑运动文化体育工作的目标。实现校园轮滑体育文化的工作目标，需要充分调动各级部门领导、轮滑运动爱好者和学生群体的积极性，大力依托校园各个部门之间的协调统筹安排，将现有的体育人力、物力、财力等资源充分利用好。校园轮滑开展情况如图1.4.1和图1.4.2所示。

　　　　　（a）　　　　　　　　　　　　（b）　　　　　　　　　　　　（c）

图1.4.1　校园轮滑活动

（a）拉龙游戏；（b）轮滑舞；（c）竞速轮滑

　　　　　（a）　　　　　　　　　　　　（b）　　　　　　　　　　　　（c）

图1.4.2　首都高校轮滑赛获奖情况

（a）奖杯；（b）高校代表队；（c）奖旗、奖状与奖牌

三、轮滑运动文化中的教育文化

　　轮滑运动文化是学校体育教育的重要组成部分，也是培养高素质创新型专业人才的基础。轮滑的价值观、道德规范和行为规范是由轮滑运动文化活动来体现的。在实施过程中，轮滑运动教学活动和群体活动必须经过科学性、实效性设计后再加以实行，否则就不能形成具有轮滑特征的运动文化。校园轮滑运动文化如图1.4.3所示。

　　为了实现轮滑运动的体育工作目标，体育管理部门必须建立分工明确、制度到位的体育工作组织。除了制定组织原则、组织机构、组织过程及必要的规章制度之外，还要发展轮滑运动文化，使轮滑运动组织有一个共同的群体意识及行为准则，展现和谐的人际关系，形成团结、互助、融洽的组织氛围。

图1.4.3　校园轮滑运动文化

（a）校轮滑越野赛；（b）轮滑舞姿；（c）轮滑生活；（d）酷爱轮滑社团日；（e）轮滑球赛；
（f）速度轮滑赛；（g）校轮滑赛；（h）社团的凝聚力；（i）相聚轮滑

四、轮滑运动文化的要素、结构和精神

（一）轮滑文化的要素

轮滑运动文化要素是由心理要素、行为要素与物质要素构成。轮滑运动文化的心理要素，也是轮滑运动文化的精神与观念层面，可称为精神文化；轮滑运动文化的行为要素，也是轮滑运动文化的行为方式与制度规范层面，可称为行为制度文化；轮滑运动文化的物质要素，也是轮滑运动文化的物质层面及各种物质财富，可称为物质文化。对轮滑运动文化而言，物质文化是其最外表的层面，行为制度文化次之，精神文化是内核。以人为核心，维护人的健康权利，肯定人的健康在其生命过程中的意义和价值，从而追求一种生命中的健康生活方式。

（二）轮滑文化的结构

轮滑文化的结构主要体现在精神、制度、物质3个层面。

（1）精神层面是体育运动者共同形成的体育信念、价值标准、道德风尚和精神风貌，是轮滑运动文化的核心和灵魂，是形成轮滑运动文化制度层面和物质层面的前提和根源。

（2）制度层面是指对轮滑运动者和轮滑体育组织制定相应规范性、约束性的部分，体现了轮滑运动文化的精神层面和物质层面对个体行为和群体行为的要求，规定了运动成员的运动教学及其他群体活动所应遵循的行为准则。

（3）物质层面是形成精神层面和制度层面的条件，是学校轮滑运动文化的物质载体和凝聚体，展现了轮滑体育运动的价值观念和全面发展高素质与创新人才的人才培养观念等。

（三）轮滑运动的精神

在中华人民共和国成立70周年纪念日的阅兵式和群众游行中，轮滑作为体育强国方阵的重要组成部分，接受了祖国和人民的检阅。这是荣耀，更是国家对轮滑运动的肯定。

继2008年北京成功举办第二十九届夏季奥林匹克运动会之后，2022年北京又成功举办第二十四届冬季奥林匹克运动会。北京成为第一个同时举办过夏季与冬季奥林匹克运动会及亚洲运动会三项国际赛事的城市。

2022年2月4日至20日，在中国北京和张家口市成功举办的冬季奥运会，受到世人的更多关注与赞扬。人们通过这次体育盛会了解到了中国悠久的历史、丰富的地理资源和人文知识，从中审视与探究举办体育盛会的经济价值与政治意义，并感受到了体育运动精神的神圣魅力。奥林匹克运动会（夏季奥运与冬季奥运）寄予了人类共同的理想、愿望，奥林匹克精神与人类共存。中华儿女通过在自己的国家欣赏奥运盛事，增强了民族凝聚力与自好感，观看奥运项目的过程中，感受到运动的美好，体育强国振奋了民族精神。同时对轮滑运动的普及也起到积极的作用，使轮滑运动以前所未有的发展姿态步入新的纪元。

为了让世界更好地了解中国，更好地推进"轮转冰、冰转轮"的互转进程，中国已经实现了习近平主席提出的3亿人参与冰雪运动的目标，中国国家体育总局和中国轮滑协会通过"轮转冰"、跨界选材等项目的启动，为助推并普及群众性冰雪运动，实施"轮转冰"活动助力2022年冬奥会起到了积极的作用。

滑板运动于2020年正式列入夏季奥运会的比赛项目。以友谊、团结、公平的精神来增进了解轮滑运动精神，以体育运动的方式教育当代年轻人共同建立一个和平与美好的世界。

教育与轮滑运动有着深远的渊源。在古代，教育的主要内容是对自身身体的了解。从当时的军事活动和生产实际的需要出发，穿着轮滑鞋滑行出征打仗，人们必须掌握、学习以体力为主的身体技能。当时，教育成果的标准是由强健的身体来判定，而体育比赛是检验人身体强健水平的最直接的方式。

"古代人为了教育人培养其坚强的个性，只有通过竞赛来磨炼人们的身体，来发展并增强人们自身的能力和思想，从而塑造出完美而独特的个性，并组织竞赛活动。这种壮观的场面感染着每一位到场者。"轮滑竞赛最根本的宗旨之一就是通过轮滑运动教育当下青年人，要坚持不断进取、永不满足的奋斗精神和不畏艰险、永攀高峰的拼搏精神。

轮滑运动文化以教育为主线，从"教育是现代人的生活中最重要的"这一基本思想出发，把轮滑运动纳入教学实践，以竞赛为平台，推广到人类文化和生活之中。"没有参与就无法获得取胜"，那么参与就是基础。只有拥有了群众性的参与，才能激励选手不断地超越自我，超越人类的生理极限，勇往直前，才能更符合轮滑精神。参与比取胜更重要，参与者有着真诚的态度、奉献的精神与高尚的品质，追求自己的理想超过了追求名誉。追求理想是每位参赛者的精神支柱，正是由于这种参与精神，才使轮滑运动发展到今天的规模，其意义早已超出了体育的范畴。现代奥林匹克之父顾拜旦曾说：竞技运动是一种身体训练，在以全副身心为非物质目标而进行的努力奋斗中，人就从其动物性的基础得以升华。竞赛运动所提供有益的教育效果对每一位参赛者主要表现在：它提高了人们所期望的那些精神的、身体的、社会的和道德的品质，给每一位青少年的成长与实现自我价值提供了良机。把体育运动与文化和教育融合起来，在努力的过程中寻求自身的精神欢乐。它的教育价值在于以发挥良好榜样作用并尊重基本公德原则为基础的生活方式。这些都有效证明了现代轮滑运动拥有强大的教育功能。图 1.4.4 所示为首都高校第五十五届学生田径运动会开幕式轮滑表演与校园轮滑赛。

（a）

（b）

（c）

图 1.4.4　首都高校第五十五届学生田径运动会开幕式轮滑表演与校园轮滑赛
（a）首都高校第五十五届学生田径运动会开幕式轮滑表演；（b）相聚全国速度轮滑公路赛；
（c）首都高校第五十五届学生田径运动会开幕式轮滑表演

第二章

轮滑运动装备的选择与保养

第一节　轮滑装备

一、轮滑鞋和它的构造

不同比赛项目的轮滑鞋如图 2.1.1～图 2.1.7 所示。

图 2.1.1　轮滑球鞋

图 2.1.2　平花鞋

图 2.1.3　极限轮滑鞋

图 2.1.4　花样轮滑鞋

（a）　　　　　　　　　　　　　　　　　　　（b）

图 2.1.5　休闲轮滑鞋

（a）右脚配有刹车器；（b）左脚没有刹车器

图 2.1.6　五轮速度轮滑鞋　　　　　　　　**图 2.1.7　四轮速度轮滑鞋**

　　轮滑鞋主要是由上鞋与下鞋两部分构成的。上鞋是指刀架（鞋架）以上的部分，主体为鞋身，是由鞋壳（包括芭扣和抗拉鞋带）与内胆两部分组成；上鞋以下的部分统称为下鞋，主要是由刀架、轮子、轴承、飞碟、边塞、穿钉（包括底钉、梅花穿钉、蘑菇钉、半圆头内六角对锁螺丝、儿童轮滑鞋的锁码钉）与刹车器等组成。

　　不同直径的轮子，如图 2.1.8 所示。

（a）　　　　　　　　　　　（b）　　　　　　　　　　　（c）

图 2.1.8　轮子直径的大小选择应根据项目与鞋码进行配置

（a）极限轮 55mm 或 60mm；（b）平花轮 76mm 与 80mm；（c）速滑轮 110mm 与 125mm

　　单排轮滑鞋包括速度轮滑鞋（简称速滑鞋）、休闲轮滑鞋、平花鞋、轮滑球鞋等。除了速度轮滑鞋之外，单排轮滑鞋为达到支撑效果和舒适性，均有固定的外壳。单排轮滑鞋是由较高的鞋帮与硬质的鞋壳组成，鞋靴外壳上方至脚踝位置一般选用熟料质，配有镂空设计以达到透气排汗的作用。新型轮滑鞋靴两侧和底部都有透气孔，使其具有良好的透气性和降温能力，有的轮滑鞋跟部还装有减震垫。部分青少年与儿童轮滑鞋的鞋壳具有伸缩作用，用于调节轮滑鞋码数的大小。虽然硬壳轮滑鞋在使用很久后鞋壳依旧完好，但是内胆则因过久的使用，脚在鞋靴内的移动与长时间的踩踏，导致因内胆变薄而磨损到小腿部位，脚踝的包裹性也大大地降低。这种伸缩可调式轮滑鞋不适于大学生的选用，因为大学生的脚码已固定，此轮滑鞋受力后，容易前后滑动导致蘑菇钉掉落，造成危险。高端轮滑鞋鞋壳上方则是选用碳纤材质，用于固定轮滑鞋和双脚，提高脚踝的包裹性，对滑行中的压刃有很好的作用。内靴（内胆）是与双脚直接接触的部位，应是柔软的材质。选择好的内胆材质非常重要，厚实的内胆具有很好的包裹性和舒适性，对滑行时体会技术要领影响非常大。高质量的内胆让轮滑运动者在滑行过程中享受到不一样的脚感，同时也促进轮滑运动者对滑行技术的快速掌握。如果轮滑鞋选配的内靴（内胆）材质太差，在长期的使用过程中尤其是长期高强度的练习，会使得内胆变薄、变硬，脚踝上方周边也会存在破损情况。轮滑鞋的内胆变薄会直接影响对运动者脚踝的包裹性和穿着舒适性，导致脚踝无法直立以及脚踝与小腿处破损。轮滑鞋内胆需要定期晾晒以达到通风与清洁，使得鞋穿起来比较舒适得体。

　　单排轮滑鞋鞋体的下部是由底板、轮架（夹轮板又分为平架子与香蕉架。平架子用于安装休闲轮滑鞋与速度轮滑鞋；香蕉架用于安装平地花式鞋）、轮与轴承和刹车器组成。底板使用质轻又坚固的铝合金材料制成或塑料压制而成。轮架（夹轮板）由两片长方形铁或铝材质的板组成，分很多种型号，不同型号的轮架采用不同材质与不同的外形设计。好的轮架是由特种铝合金型材和钛铝合金等材料制成，强度高、质量轻，这样的轮架可以减轻轮滑鞋的整体质量。采用镂空设计不仅仅具有一定的美观性，同样也是为了减轻轮滑鞋的整体质量。轮架的设计与选择以及轮架的受力程度是设计师与选购者应主要考虑的问题。轮架板上有若干个圆孔，用于轮轴穿过，将轮子固定住。轮架的长度应与轮滑鞋靴相匹配，按其长度选择安装合适的轮子（5个轮子、4个轮子、3个轮子等）。速度轮滑鞋通常安装4个轮子或者5个轮子，而休闲轮滑鞋通常安装3个轮子或者4个轮子。轮子是由轮肉与轮毂构成，选用的材质一般是合成塑料、聚氨酯、橡胶等材料。运动者在高强度滑行时，轮毂因轴承的快速转动而发热，材质差的轮毂容易断裂，给滑行者造成了危险性。现在市场上一般不同型号轮子的轮毂设计是相同的，但不同型号轮子的轮肉却有很大差别的。质软的轮子其抓地效果好，但是耐磨性稍差，更适合室内的轮滑场地滑行使用；质硬的轮子适合在室外轮滑场地和公路越野滑行使用。初次选购轮滑鞋，如果误选抓地效果差的聚氯乙烯（PVC）轮的轮滑鞋，会使轮滑运动者滑行距离短，体能消耗大，慢慢地会使轮滑运动者失去轮滑兴趣。由于器材的原因，导致无法让自己节省体能进行快速滑行，而一直处于快速行走的状态，这样不适合长时间的户外滑行。

　　轮子在运动时起到的作用最大，轮子的直径尺寸是以毫米为单位来度量的。100 mm

或 110 mm 的大直径轮子，适用于参赛竞速轮滑，它的优点是稳定性高，并且在加速时可以获得更大的蹬地力，从而让轮滑运动者得到更快的滑行速度，使机体做功时间得到延长。直径 125 mm 的大三轮的稳定性不如直径 110 mm 的四轮。直径过大，离地过高，滑行时需要极强大的脚踝支撑力，容易疲劳。建议可以选直径 125 mm 的三轮刷街。直径小于 72 mm 的轮子，启动快，稳定性强。例如，极限轮滑鞋轮子直径是 58 mm，其在旋转起跳回落的刹那间，帮助身体平稳地着地。

轮子有不同的坚硬程度，以字母"A"表示硬度，用数字 74 ~ 93 表示硬度大小。从 74 A 到 93 A，硬度越低，轮子越软，抓地性越强，但是磨损越快。同时，软轮也比硬轮（大于 81 A）的滑行速度要慢。休闲轮滑鞋一般配置 4 个轮子，轮子直径一样大；平花鞋配置的 4 个轮子，1、4 位置的轮直径小，2、3 位置的轮直径大；专业的速度轮滑鞋配置轮子的规格是直径 100 ~ 110 mm、硬度 84 A ~ 86 A 的四轮。

轴承也是轮滑鞋的核心部件。轴承是由外圈、内圈、护圈、滚珠与封闭薄片 5 个部件组成，内部由 12 ~ 16 个滚珠构成一个轴承体。它的质量由轴承的材质来决定的。滚珠的滚动面质量尤为重要，其质量取决于轴承的轴向与径向间的间隙，润滑材料的种类及性能与用量，护圈的质量与性能，密封的种类、性能、结构体与作用，精细的工艺水平与摩擦系数等。轴承也分很多种型号，如果选择了 ABEC 标准轴承，则其精密度高于其他轴承。例如，陶瓷轴承的旋转转数可以达到 20 000 r/min 以上。速度轮滑专业选手一般都会选用进口全陶瓷轴承，它的滚动面光滑度越高，滚珠的旋转性能就越强，那么达到的速度也就越快。密封式轴承耐热、耐磨、滑动性能较好。新手轮滑鞋的原装轴承精度低，价格也比较低，它的性能主要体现在转速、续航性、密封性等方面上。轴承包括以下几种：

（1）塑料轴承整体均是润滑材料，通常使用性能比较好的工程塑料制成。专业的塑料轴承厂家一般都具有工程塑料与自润滑改性技术，使用纤维、玻璃珠、特种润滑剂等对工程塑料进行加工，促进自润滑增强改性使之达到一定的性能，再通过磨具注塑加工成自润滑的塑料轴承。塑料轴承的优点是使用寿命长，在使用过程中不会发生生锈现象且耐腐蚀，其密度比金属小，更适合儿童的选择使用，也是现代轻量化设计趋势；它的制造成本与其他材质比较要低；儿童在滑行过程中没有任何的噪声，具有一定的吸振功能；塑料轴承适合中低温（ – 150 ~ 200℃）工作。它的不足之处是不耐高温。

（2）碳钢轴承的优点是坚固耐热、有效防尘、高速持久耐用等；缺点是密度大于塑料轴承、容易生锈、使用初期转速慢，但通过使用一段时间转速会稍好些。

（3）轴承钢轴承虽然外形与碳钢轴承没有大的区别，但实质上的区别是非常明显的。轴承钢轴承硬度与耐磨性均高于碳钢轴承，但使用效果好坏与使用者的环境有关。实践证明，轴承钢轴承具有以下性能：滚动疲劳强度高、弹性高、硬度高、耐磨性好，耐腐蚀性强，抗冲击负荷的韧性强，尺寸稳定性强以及自润滑等。

（4）陶瓷轴承是一种非磁性优良绝缘体。陶瓷轴承的优点是由于陶瓷几乎不怕腐蚀，更适宜在腐蚀性介质的环境下滑行，且不受热胀冷缩的影响；弹性模量高，受力时不容易变形，并能有效地提高滑行作用；陶瓷滚动小球的密度比钢低，质量更要轻得多，因此转动时对外圈的离心作用可降低 40%，进而使使用寿命得以延长。缺点是具有较低的承载力；与金属材质相比是热冲击敏感；在加工时步骤过于烦琐，需要考虑的因素较多，故而加工比较困难；由于陶瓷轴承是非金属材料，因而加工与磨削十分复杂，制作成本过高。

轴承的使用方法是将轴承两边塞进轮毂中，中间放置飞碟，再由穿钉固定在刀架上。

底架的安装位置通常是轮子的纵轴线、脚下的中线位置。如果是用于场地速度轮滑竞赛使用的速滑鞋，则会有不同的安装位置。其左脚底架的前部安装位置为轮架下、前轮纵轴线前部的脚中趾部位，底架的后部安装在脚跟正中的位置；右脚底架的前部安装位置为鞋靴底部与轮子纵轴线的前部大脚趾部位，底架的后部应安装在脚跟正中或稍稍偏内一点的位置。底架位置的调整应根据轮滑运动者选择的滑行场地来调整。

另外，通过鞋带和扣子将鞋扣紧。通常，休闲轮滑鞋的右脚后方都安装有一个后跟刹车器；花样轮滑鞋的每只鞋轮子的最前面都安装有刹车器。刹车器是由橡胶或者合成塑料制成，安装在鞋架的尾部。刹车器主要是用于减速和停止，也用于急停。有人不愿意使用它而将其卸掉，这主要根据练习者的滑行水平来决定安装与拆卸。对于初学者，轮滑鞋必须配备刹车器，以确保自身的安全，并要学会如何使用刹车器。由于专业速度轮滑鞋的鞋帮相对较低，便于踝关节大范围的活动和蹲屈，蹬地的力量大、速度快，因而速度轮滑鞋没有刹车器。注意系鞋带时，不要把踝关节位置安全锁扣和交叉式绑带勒得过紧，以免运动时感到不舒适；要把脚背中间的鞋带勒紧，使脚的整体部位感觉稳固；脚趾处的鞋带可以松一点，避免产生肌肉痉挛。

　　温馨提示　学习轮滑必须先备有一双舒适合脚的轮滑鞋。在决定选购轮滑鞋之前，应先了解轮滑运动的各个项目有哪些区别，各项目又需要什么样的轮滑鞋以及配置等。选购轮滑鞋时需要考虑以下几个方面：

　　（1）根据每个人的自身喜好与学习轮滑运动目的的不同，选择休闲轮滑、速度轮滑、花样轮滑、极限轮滑或轮滑球的对应配置（单排轮轮滑鞋、双排轮轮滑鞋、速度轮滑竞赛鞋等）。

　　（2）选购轮滑鞋时，首先确定脚的号码。一般的情况，脚在鞋里面能感受到脚与鞋体内胆紧贴在一起，不可前后左右移动，包裹性非常好的感觉。但是，不可有过紧的感受，过紧会阻碍脚部的血液循环，造成脚麻木、抽筋等现象，导致机体过早出现疲劳或将脚部磨破无法穿鞋。

　　（3）在选择具体轮滑鞋时，需要检查轮滑鞋鞋体和轮架的安装位置是否合适，最好现场试穿一下感受脚在轮滑鞋鞋体里与轮架、轮轴等位置是否合适。

　　（4）在选择轮滑鞋时，需要根据自己的自身素质与经济条件等实际的情况来决定。初学者只是偶尔穿着体验一下轮滑的话，可选择自己能够接受的价格，避免浪费；如果初学之后还有想进一步提高的想法，可选择一款中档或高档的轮滑鞋（综合自己的整体情况来决定），主要比较鞋靴的重量、轻便与坚固的程度、轴承的润滑度与轮子制成的材料配置等。如果对轮滑有所了解的人，首先会选择低帮的竞速轮滑鞋，但这对初学者来说具有极大的挑战性，因为自身的平衡性、协调能力、脚踝关节的力量等都是应该考虑的因素。竞速轮滑鞋适合参加各种速度轮滑比赛，有助于节省体能，充分发挥技术水平，提高运动成绩。对于单纯的休闲娱乐运动来讲，选择性是多样化的，最主要是先明确自己练习轮滑运动的目的是什么，就能有针对性地选择轮滑鞋了。

二、轮滑护具

轮滑运动的全套护具如图 2.1.9 所示。

（a）

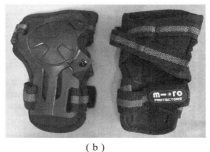
（b）

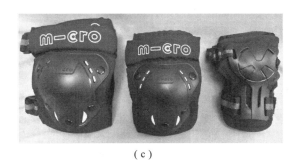
（c）

图 2.1.9　轮滑运动的全套护具

（a）头盔；（b）护掌（正反面）；（c）护膝、护肘、护掌

温馨提示　在表面粗糙坚硬的地面练习轮滑时，一旦摔倒，就可能使轮滑运动者的头部、手掌、肘部、膝关节受伤。因此在运动前，确切地说是应该在穿轮滑鞋之前，佩戴好头盔、肘部与膝关节的护具；穿好鞋之后再带护掌起立，开始运动。选配质量好的护具装备，对自己身体的保护性越好。大家都是祖国的栋梁之才，切不可拿自己的身体与安全开玩笑。

下面对轮滑的护具，即头盔、护掌、护肘、护膝分别进行介绍。

（一）头盔

轮滑运动中各个项目的练习与比赛，头盔是必须佩戴的安全护具之一。头盔的选购是安全装备中最重的环节。如果仅从颜色、美观方面考虑，很容易选购到与自己头部不相匹配的头盔，从而导致虽然佩戴了头盔进行轮滑运动却也受伤了。这是因为自己选购了一款与自己头部尺寸不相符的头盔佩戴，如儿童头盔佩戴到了成人的头部或者儿童佩戴成人的头盔。另外，就是选购到一款质量不合格的头盔，导致头部受伤（质量太差，撞击后破裂）。头盔用于保护轮滑运动者的头部，必须确保大小适合自己的佩戴。

头盔是安全装备中最重要的，必须完全符合安全标准，戴起来不仅要舒适，还要牢固。头盔的结构主要是由其坚硬的外壳和柔软的内层护垫构成，它的外形具有流线形特点，当在高速滑行时可以最大限度地减少空气阻力。外壳的构架式设计以及其上的条形孔等更有利于通风，使其具有良好的透气性。在发生头部碰撞时，头盔的外壳首先会分散局部撞击带来的巨大冲击力。同时，具有一定的厚度且分布均匀、富有弹性的内层海绵体将更有效地起到缓冲作用，从而在摔倒时起到保护轮滑者头部的作用。大多数头盔都有泡沫塑料衬垫，并且皮带可调，以保证佩戴舒服合适。切记，无论在何时何地穿轮滑鞋时，都必须戴上头盔再开始进行轮滑运动。正确佩戴头盔，如图 2.1.10 所示。

（a）　　　　　　　　　　　　　　（b）

图 2.1.10　正确佩戴头盔

（a）正确佩戴头盔；（b）正确佩戴头盔、护肘、护膝、护掌

下面介绍头盔外壳的材质特性，将对我们选择头盔时的决策将有所帮助。头盔外壳的材质分为以下几类：

（1）塑料合金材质（聚碳酸酯（PC）+ ABS 工程塑料合金）。这种材料具有 PC 树脂的优良耐热性、耐冲击性与尺寸稳定性，还具有 ABS 树脂优良的加工流动性。其应用在薄壁及复杂形状制品中可以保持其优异的性能及塑料与一种酯组成材料的成型性。

（2）玻璃钢（FRP）材质。玻璃钢也称为玻璃纤维增强材料，是一种或多种热固性或热塑性树脂与玻璃纤维复合而成的材料。这种新型复合材料是国外20世纪初开发的，具有防腐、绝缘、保温、隔音、质轻、高强等诸多优点。玻璃钢是最早出现的复合材料，而且它和钢的这种材料毫无关联性。玻璃钢中不含铁，也不是钢与玻璃的复合体。

（3）碳纤维材质。这是一种纤维状碳材料。它的强度比钢大、密度与铝相比要小、比耐热钢更耐高温、比不锈钢更耐腐蚀，同时又具有导电模式（类似铜），拥有很多优良的电学、力学与热学性能。

（二）护掌（护腕）

当轮滑运动者摔倒时手、手腕及面部是最容易受伤的部位。护腕（护掌）下端有坚固的塑料部件防止受到撞击，可缓解撞击力。护腕上的扣带要扣得紧些，但要让手掌感觉舒适为宜。护掌的材质需要轻便、耐磨、不会轻易滑落而且能保护腕关节，它还应具有良好的吸湿性和透气性。从我们运动时的自身安全考虑，需佩戴与自己体重相符的护具。例如，成人避免选择儿童护具，导致摔倒时护具因无法承受成人自身的重量，而自我安全性没有受到护具给予应有的保护作用（当我们摔倒时，手掌直接触地，会造成腕关节骨折；护掌的作用是保护腕关节与面部避免受伤）。佩戴护掌的方法是将护掌放置于手掌上，将大拇指穿过护掌的圆孔，再将扣带穿过四方扣反扣调整好松紧度，用魔术贴粘贴上，再将下扣带拉开绕手背穿过四方形孔位，反扣拉紧后粘上魔术贴。

正确佩戴护掌如图2.1.11所示。

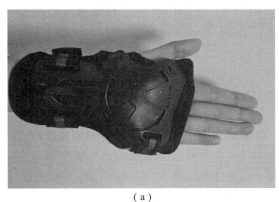 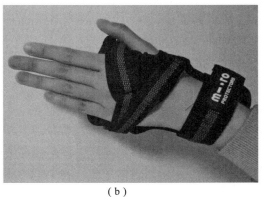

（a） （b）

图2.1.11 正确佩戴护掌

（a）护掌正面；（b）护掌反面

（三）护肘

护肘对易受伤的肘关节提供了有力的防护作用。佩戴护肘可有效避免或减轻地面对肘关节的撞击和摩擦；通过手掌滑向肘部的支撑，可避免我们的肢体和髋关节与地面的摩擦损伤。正确佩戴护肘对初学者和轮滑爱好者尤为重要。佩戴护肘的方法是将护肘经由手部自下而上的方向穿戴，直至胶壳位于肘部位置，再将松紧带穿过锁扣，拉紧到合适的程度将魔术贴扣上。正确佩戴护肘如图2.1.12所示。

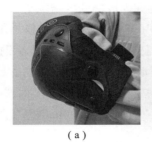

（a） （b）

图 2.1.12 正确佩戴护肘

（a）右肘；（b）左肘

（四）护膝

轮滑运动滑行时必须要带护膝。护膝由抗压聚丙烯（PP）外壳一体成型，还带有蜂窝型减震设计的半软外壳，使其具有强大的韧性与坚硬的外壳；整体采用牛津布面料，使其柔软透气并可减轻外壳的余震，同时内里选用涤棉（TC）面料柔软透气，更加适合贴合肌肤使用；内部有一个纤维垫，能承受摔倒的冲击。抗压外壳不仅能起到缓冲作用，同时对皮肤和服装还能起到保护作用。强力的松紧带与优质的魔术贴组合构成了完美、舒适的固定系统，提高了保护措施的质量。佩戴护膝的方法是将护膝经由脚踝到腿部自下而上穿戴，直至胶壳处于膝盖处，再将松紧带穿过锁扣，调整松紧度适合自己的腿部，直至不再移动位置时拉紧并将魔术贴扣上，确保腿部的安全保护。

图 2.1.13 正确佩戴护膝

正确佩戴护膝如图 2.1.13 所示。

温馨提示 在滑行过程中，如果向前或者向两侧摔倒时，要屈膝下蹲，掌心朝外，用双掌撑地过渡到双肘缓冲；双掌翘起，五指并拢向上翘，双手掌掌背距离自己的面部 10 cm 左右，保护自己的面部；双膝着地，臀部翘起，减缓摔倒的重量及髋关节触地的概率。如果向后摔倒时，更要屈膝下蹲，降低重心，以使臀部先着地，同时低头团身，避免头部向后磕地。在摔倒的过程中，要避免直臂单手掌撑地，使承受重力过大，损伤手腕。

第二节 轮滑鞋的保养

轮滑鞋由上体鞋靴、架子、轮和轴承构成。例如，平花鞋的上体鞋靴、内胆、外鞋靴是分体的，如图 2.2.1 所示。

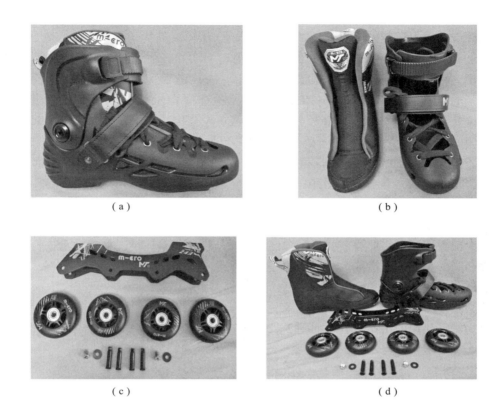

（a）　　　　　　　　　　　　　　　（b）

（c）　　　　　　　　　　　　　　　（d）

图 2.2.1　单只平花鞋

（a）上体鞋；（b）内胆、外鞋靴；（c）架子、轮和轴承、穿钉；（d）单只平花鞋的拆卸

> **温馨提示**　在确定学习轮滑的计划后，首先要认真选择一双轮滑鞋适合自己所练习的轮滑运动。如果选择不合适自己脚型的轮滑鞋，那么在你穿上它进行学习轮滑运动时，会让脚部感觉不舒服。因此，认真去选择轮滑鞋的配置是非常关键且非常重要的事情。不可只看价钱不看质量，若成人购买可调的儿童轮滑鞋，佩戴儿童的护具，产生的后果是可想而知的，即由于鞋子和护具无法承受成人的体重，从而导致自己的身体受到伤害。

一、使用轮滑鞋的注意事项

（1）不要在雨中或者沙土的地面上滑行，否则会使水和沙土等脏东西进入滚珠轴承，使轴承的密封性能降低。

（2）轮滑鞋的轮架与固定鞋靴及固定轮子的螺丝要经常检查其直线性与牢固程度，避免因轮架松动导致脚踝受伤；轮子的长期滑行，会使其有所松动，应及时使用工具拧紧，就可避免因轮子的丢失而造成安全隐患。

（3）在炎热的夏季穿上厚重的运动袜并不符合生理要求，而且运动袜也不能完全吸收脚部的汗水保持脚部的干燥。运动之后请及时换洗运动袜；滑行完之后应将鞋的内胆取出晾干，以保证鞋内胆的干燥。

（4）轮滑鞋的轮子随着使用时间和滑跑距离的增加，会逐渐地磨损，并且不同位置的轮子（前后）和轮子的不同轮刃（外、中、内）由于受力程度不同。从而，导致各个轮子的磨损程度都各不相同。因此，应经常检查轮子的状况，并酌情及时进行轮子位置的调换（一般情况下是1轮与4轮、2轮与3轮互相调换位置）和轮刃的调换（内刃与外刃的调换），以此延长轮子的使用寿命并更加有利于发挥滑行的技术水平。

（5）需要特别注意加强保养和维护轮滑鞋的轴承。多数轮滑鞋的配置都在使用"钢体微轴承"，其质量较大并耐用，但是对于参赛选手需要换上质量轻及旋转性能好的陶瓷轴承。不论是哪一种轴承，在使用一段时间之后，都会出现旋转性能下降的现象，这与进入轴承的尘土等脏物的增多和润滑油的消耗有直接关系。如果直接置换新轴承，过于浪费资源。因此，需要根据自己练习时所使用的具体情况，对轴承进行不定期地清理和滴入少量的润滑油。

二、清理轴承的方法与程序

清理轴承使用的工具与设备如图2.2.2所示。

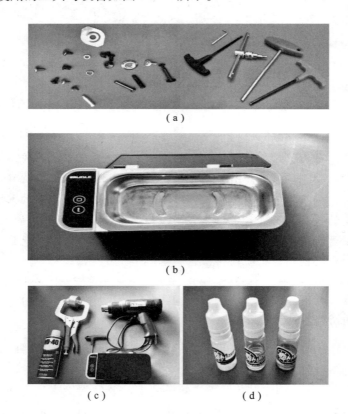

（a）

（b）

（c）　　　　　　　　　（d）

图2.2.2　清理轴承使用的工具与设备

（a）配件、拆卸与安装工具；（b）高频清洗器；（c）热风枪、固定器、清除摩擦噪声喷剂；（d）润滑油

（e）

图 2.2.2　清理轴承使用的工具与设备（续）

（e）轴承

（1）准备好清理轴承所需的工具及用品。选择一块空地并用多层报纸、塑料或布块铺在上面，准备一个六角扳手、一个塑型固定器、热风枪、两块干布、一个高频振动清洗器或者口径大一些的两个透明玻璃瓶罐、一罐防锈的除锈及清洁喷剂、润滑油脂或润滑油。

（2）将轮子从轮架上取下后，使用干布擦去轴承外表的灰尘与油呢。

（3）用扳手插入轴承孔，从轮子上将轴承抽出，再把两个轴承之间的套筒拿出来；使用干布擦干净轴承和飞碟上的脏东西。

（4）首先将轴承放入高频振动清洗器或透明的玻璃瓶罐中；然后放入清洁油或汽油，盖好机器打开开关清洗或将瓶盖盖好后，把玻璃瓶握于手中有节奏地轻轻晃动瓶子。一段时间后，干净的汽油就会变得污浊，说明经过晃动，汽油把轴承中的脏物已溶于其中。

（5）当机器停止后把轴承取出或停止晃动后，首先打开玻璃瓶盖，用玻璃瓶盖挡住瓶口的一半将污油倒入另一瓶中；然后再向装有轴承的瓶中倒入新的汽油，按方法（4）再次进行清理。如此反复清洗两次即可结束清洗程序。如果轴承使用的时间过久没有清理，那就把轴承浸泡在汽油里放置一周，让轴承里面的细小沙土慢慢地流出。

（6）首先将清洗后的轴承从玻璃瓶中倒在铺好的纸上，使清洗后的轴承上面的油渍流在纸上，再喷防锈喷剂；然后使用干净柔软的纸将轴承包裹好使其渗油（轴承里的油慢慢流出）。

（7）首先用润滑油滴在轴承的滚珠之间；然后用拇指和食指捏住轴承心，用另一个手掌压住轴承来回滚动，以使润滑油均匀到位。

（8）将轴承放置在干净柔软的纸面上，放置几天后让润滑油慢慢地渗入，通风也可使滚珠将润滑油更好地吸收。

（9）最后按照拆卸的程序再反向地将轴承所有的部件复位组装。

健康篇

第三章

轮滑运动能量的代谢与营养的补充

第一节 轮滑运动能量的代谢

能是能量的简称。例如，当我们穿着轮滑鞋在滑行的过程中，使脚下的轮子不停转动的本领就是能，那么从物理学的角度来分析，一种可使物体做功的本领就是能。在生理学当中，把能认为是做功的能力。轮滑运动者体内许多生理活动，如神经冲动的传导、肌肉收缩、葡萄糖的主动吸收、组织蛋白质的合成等，都是做功的过程，即生物功。如何让这些过程发生，就需要有能量的支持。在生物体内产生与利用的这种能量，即为生物能。生物能是由多种形式构成的，如电能、热能、化学能与机械能等。另外，能量可以由一种形式转化成另一种形式。例如，神经冲动的传导，即由化学能转化为电能；轮滑运动者的骨骼肌收缩使化学能转化成机械能和热能。

轮滑运动使我们自身体内物质的代谢过程，即能量所发生的存储、转移、释放及利用的过程，称为能量代谢。生命的续存及有机体的生长发育都依托于自身体内的物质代谢过程。我们日常食物中五大营养素中的三大营养物质是糖、脂肪、蛋白质。淀粉类食物在体内最终转化成葡萄糖而被吸收：一部分合成糖原（300～500 个葡萄糖分子经过脱水缩合成一个糖原）存储备用；另一部分葡萄糖在细胞内被利用。脂肪类食物转化成脂肪酸与甘油而被吸收：一部分合成体脂存储；另一部分被细胞利用。鱼、瘦肉等蛋白质类食物转化成氨基酸而被吸收：一部分在细胞内被合成组织蛋白；另一部分被氧化。细胞的物质合成代谢中，除自身组织构成成分及组织细胞的生长或更新外，同时也是能量存储及转移的过程。化学潜能在这 3 种营养物质中都含有一定的比例，同时在物质转变过程中必然伴随着能量的转移和存储。营养物质含有的化学能主要是通过生物氧化释放能量，50%左右的能量是以热能的形式转变为体热维持自身体温，并向体外散发热能，另外约45%的能量转移并存储到三磷酸腺苷（ATP）的化学物质中，用于供给机体各种生理活动。例如，人体内心脏搏动做的功，用于克服整个身体内血流的阻力，那么心脏的机械功在克服血流阻力的过程中便转化成热能。又如，胃腺在分泌盐酸的过程中产生了一定的功，而当盐酸遇到碱性溶液被中和时，就转化成热能了。一般情况下，只有骨骼肌收缩时所消耗的能量，会有 15%～25%转化为机械功，其余都转化成热能而散发于体外。

人的身体是复杂的相关系统的混合体。让整个人体生命完成奇迹的过程是因为器官系统之间协调与平衡共同作用的结果是因为这些相关系统共同作用的结果。人体组织细胞中的能量生成是由 ATP – CP 系统、有氧氧化供能系统、无氧糖酵解系统 3 个不同途径的供能系统组成。这 3 个系统紧密关联、互相协作，共同组成了完整的能量供应体系。当人体在进行不同强度的运动时，有氧和无氧供能系统所占比例也是不同的。磷酸原供能系统（ATP – CP 系统）是通过将储存在骨骼肌细胞中的高能磷酸化合物分解释放能量，促使肌肉收缩活动。体内各器官、组织细胞生理活动需要的能量，都来源于三磷酸腺苷。ATP 存在于一切细胞中，它是核糖核苷酸的一种，既储存能量物质，又直接给细胞活动提供能量。肌细胞中还存有能量储备极少的 ITP、UTP、CTP 等三磷酸核苷酸，浓度比 ATP 小 50～100 倍，因此它们在能量供应中并不重要。ATP 因其有较强的酸性，不适宜在细胞内过多存在，细胞内的 ATP 含量较低。不同细胞中 ATP 的含量也不同。在人体中，骨骼肌细胞中的 ATP 含量相对较高。

第二节　青少年运动者饮食营养的几个误区

　　合理的营养膳食既可保障肌体活动所需的能量，又可供给人体正常的物质交换，同时又可维持、修复组织和身体内各器官所需的物质能源。人的生命规律是在物质的同化与异化之间相互作用下进行的过程。有利于我们身体健康与成长的合理饮食就是在食物中摄取充分的基本营养物质（如蛋白质、糖、脂肪、维生素等）。任何一种食物中，都不具备运动者身体内所需要的全部营养。为了让我们拥有健康的身体、强壮的体魄、漂亮并且延长寿命就要讲究营养，合理进行膳食平衡与营养补充，不可偏食。合理营养补充对运动者提高运动能力与运动后恢复体力能起到很好的促进作用。只有了解了相关的营养知识，转变营养观念，注重平衡膳食的搭配与营养的补充，才能在运动领域创造佳绩。

　　目前，很多青少年运动者超负荷训练，很容易引起运动性疲劳，对身体健康造成损害，而通过饮食营养来减少运动疲劳的不良影响十分必要。根据运动项目来调整运动者的饮食结构与营养摄入是非常重要的。例如，对参加百米赛跑、跨栏赛跑等速度类运动项目的青少年运动者，要注意蛋白质、磷以及碳水化合物的补充；对于参加轮滑、竞走、自行车、马拉松、冰雪等耐力类项目的青少年运动者，则要重视能量的储备，并增加维生素的摄入。目前，不少青少年运动者对营养摄入一味求多、求全，忽视了运动项目与营养需求的对应性，导致营养摄入无法满足训练需求。目前，很多青少年运动者都非常重视肉类的摄入，存在"三多"（肉类摄入多、动物脂肪摄取多、进食过多）以及"三少"（水果少、蔬菜少、营养成分种类少）问题。

一、青少年运动者的营养特点

（一）青少年运动者总能量的需求

　　青少年处于生长发育期，体内的合成代谢大于分解代谢，他们所需热量要高于成年人：一部分要满足机体的生长发育；另一部分要满足运动的消耗。运动者一天总热能摄入对维持体重和运动能力是十分重要的。当热能摄入过多时，多余的热量可能会以脂肪的形式储备起来，从而造成运动者的体脂过多，影响运动能力；当热能摄入不足时，可能会造成运动者的能量储备不足，不但影响运动训练效果和运动能力，而且还会影响运动者运动后的身体恢复，进而造成运动者体重的降低。通常，人们一日三餐的能量摄入推荐比例为3∶4∶3，但往往在实际操作中，早餐摄入较少或不吃，晚餐摄入过多。经过一夜的消化，胃中已基本排空，如果不吃早饭，不仅会损伤胃黏膜，还会影响上午的训练效果；晚餐摄入过多，会给肠胃增加负担，影响睡眠，同时过多的热量积累还会导致体脂的增加。

（二）青少年运动者五大营养素的需求量

1. 碳水化合物

碳水化合物又称糖，是自然界三大基础供能物质之一，也是大脑、肌肉活动的主要能量来源。碳水化合物的主要来源是植物。糖既参与机体代谢，也是机体的重要供能物质，它有助于运动人群发挥最佳运动能力。此外，糖还是中枢神经系统的主要燃料，能够节约蛋白质，起到加快训练后的体能恢复等作用。对于参与运动训练的人群来说，无论是长时间耐力运动，还是短时间的大强度运动，碳水化合物（糖类）都是最重要的供能物质。运动中消耗的糖主要来源于肝脏和肌肉中的糖原。大脑的主要供能物质也是糖，当糖储备较低时，会导致注意力分散而容易产生疲劳。因此，糖是运动训练的物质保证。一般碳水化合物摄入量占总能量的55%～65%，含碳水化合物丰富的食物主要为主食类，如馒头、面条、米饭及薯类。

2. 蛋白质

蛋白质是一类重要的生物大分子，是生命的物质基础。蛋白质是人体的重要组成物质，人体的生长、发育、运动、繁殖、遗传等一切生命活动的过程都基本离不开蛋白质。尤其是生长发育期需要蛋白质的量更高，这是因为细胞和肌肉的不断增长需要以蛋白质为重要原料。同时，运动训练时的大量消耗会造成肌纤维的撕裂与损伤，而肌纤维的修复和重建都需要蛋白质的参与。因此，在膳食中要保证蛋白质的足量供给，尤其要保证优质蛋白质的摄入，但是也不能过量摄入，否则会给肝脏和肾脏增加负担，并且在代谢过程中也会产生过多的酸性代谢产物，诱发运动机体的疲劳。蛋白质的食物来源分为植物性和动物性两大类。动物性蛋白食物如肉类、鱼类、蛋类、奶类都是膳食中补充蛋白质的最好来源。植物性蛋白食物如谷类、豆类、蔬菜类、坚果类也是膳食中蛋白质的重要来源。传统食物中蛋白质含量的大致范围：乳类1.5%～3.8%，肉类、鱼类10%～30%，蛋类11%～14%，坚果类15%～26%，谷类6%～10%，干豆类20%～49.8%。青少年在蛋白质的供应量方面，每日蛋白质供应量应占总能量的12%～15%，略高于成年人，青少年运动者一般摄入量为每千克体重2～4g。

3. 脂肪

脂肪是机体的重要产能营养素之一，是机体所必需的营养素。在运动时，脂肪也是供能物质之一。它比糖类的优势在于：储存量大、以无水的形式存在、储能体积小。各种能源物质的供能比例主要取决于运动强度和运动持续时间。一般来说，运动强度越小、所需时间越长的项目，依靠脂肪氧化供能占人体总能量代谢的百分率也越高。在大于60%～65%最大摄氧量强度、持续时间短于60 min的运动中，人体以糖的有氧代谢和无氧代谢作为主要供能方式。在低于60%～65%的最大摄氧量强度的长时间运动中，尤其是在 60% 最大摄氧量以下强度的超长时间运动中，脂肪成为肌肉的重要供能物质。但是在膳食中的脂肪摄入不宜过多，过多会增加体脂含量，并且运动中脂肪代谢会产生酸性物质，引起体液酸化，导致疲劳的产生。另外，脂肪过多还会增加高血脂症、血液中胆固醇含量升高的风险。日常饮食可以满足机体对脂肪的需要，不用刻意补充，因而饮食中要注意控制炒菜的烹调油量、减少食用脂肪含量高的猪肉次数，防止脂肪摄入过多。脂肪摄入的适宜比例为总热能的 25% ~ 30%。

4. 微量元素的补充

运动者需要更多的微量元素来支撑身体代谢及运动训练，如强健的骨骼需要钙质的支持，强壮的肌肉需要铁、氧元素。青少年运动者因为训练及生长发育的影响，很可能会缺乏微量元素，因此在饮食中要多吃瘦肉、绿叶蔬菜、谷物等。为了摄入钙，还要多食用低脂牛奶、乳酪、酸奶等。维生素也是青少年运动者所必需的。维生素 B 可以缓解紧张、焦虑情绪，保持能量充沛，增强青少年运动者自身的抵抗力。但是，维生素 B 在机体内滞留的时间只有几小时，因此每天都要及时补充。维生素 C 可以增强运动者的有氧运动耐力，训练中跑项目的青少年运动者尤其要注意补充维生素 C。由于维生素 C 不能由人体合成，因而可以通过进食绿色蔬菜、番茄、柠檬汁等来获取。维生素 E 可以增强心血管功能，是良好的抗氧化剂，可以通过食用小麦胚芽油、棉籽油、芝麻油、花生酱等获取。

5. 水分的补充

青少年运动者在训练中很容易出汗，也容易出现疲劳、发热和头痛，合理补水可以保持运动者身心状态的稳定。一名青少年运动者每天要喝多少水，并没有固定的计算公式，主要是取决于个体情况。一般是在运动前后补水，运动期间每隔 15 ~ 20 min 补一次水，而且通常采用少量多次的补水方法，并且不喝果汁和碳酸饮料。

二、饮食结构的合理搭配

青少年运动者饮食结构的制定要因人、因时而异。在训练时，如果最近一段时间运动量比较大，就要注意多吃一些蛋白质和脂肪含量丰富的食物，如蛋白质和肉类；如果运动量不是很大，就要多吃一些水果、蔬菜、豆类等碱性事物，增加自己的碱储备。在比赛时，比赛当天要注意避免摄入大量的脂肪和肉类食品，因为它们需要很长的时间来消化，不利于胃的排空，会妨碍比赛。这时可以多喝一些高热量的复合性碳水化合物，既保证身体有足够的热量，又有助于食物的消化。比赛后，由于大负荷的运动量，身体内储备的糖、维生素和水都消耗得差不多了，所以一定要注意补充这三者。

此外，青少年运动者也要注意培养良好的饮食习惯。例如，饭后不能立即运动，运动后不能立即进食，也不要吃了便睡。又如，不要挑食，不要狼吞虎咽，不要汤泡饭，运动中不要大量喝水，饭后不要马上洗澡，临睡前不要进食等。此外，应禁止吸烟喝酒。

总而言之，各项体育运动成绩的提高：一方面与正确的练习方式方法有关；另一方面与运动者的身体素质有关，而合理膳食无疑是提升运动者身体素质的保证。青少年运动者应根据自身条件和运动项目来搭配日常膳食，补充各方面营养。

第三节　青少年速度轮滑运动者的营养需求与干预

现代竞技体育对运动者体能要求日益提高，科学的营养干预策略有助于促进运动者体能的恢复、保持与提高。速度轮滑作为体能项目，运动者在四季不同环境下训练和比赛，营养不仅需要满足自身生命活动的需求，同时需满足日常练习的需要，其营养需求高于其他的运动项目。青少年速度轮滑运动者还需满足生长发育需要，其营养相对需求高于其他年龄段人群。速度轮滑运动者营养需求有其自身特点，营养补充若不能满足其生长发育和日常训练需求，不仅影响其运动成绩，还可导致各种营养缺乏性疾病。因此，科学的营养需求与干预对速度轮滑运动者的训练水平提升具有重要意义。

一、青少年速度轮滑运动者的特点及营养特征

速度轮滑项目属于周期性耐久力竞速运动项目，能量代谢方式表现为"混氧代谢"，对力量、速度、耐力素质的要求较高。多数动作都需要通过最大力量，且需在快速运动中完成，对无氧耐力要求较高。此外，青少年速度轮滑运动者的训练依托于室外坚硬的地面滑行，长时间在寒冷环境中训练，因此营养需求有别于其他项目运动者。青少年速度轮滑运动者合理均衡的营养，应满足青少年的生长发育需求和运动训练的额外消耗，同时还需满足寒冷环境训练的特殊要求和项目专项特征的要求，避免营养素供应不足或不均衡现象，但也需注意营养过剩问题发生。

二、青少年速度轮滑运动者的营养需求

（一）青少年速度轮滑运动者的营养物质需求

1. 总热量

低温环境可以使速度轮滑运动者的食欲增加，消化功能增强。这是因为低温环境中运动者的热能消耗量增加，机体为了抵御寒冷而出现生理反应。速度轮滑运动者在寒冷环境中容易出现寒战和其他不随意或随意的肌肉活动，这也会增加机体的能量消耗。青少年速度轮滑运动者由于长时间在寒冷环境下进行训练，在进行营养膳食补充时要全面考虑训练特点、发育特征和环境因素，突出重点并全面协调，平衡膳食。

2. 碳水化合物

速度轮滑运动者普遍存在碳水化合物摄入不足的问题。糖是运动者最主要的能量来源，属于清洁性能源物质，运动者应重视主食的摄入。机体在抗寒产热过程中，首先利用血糖、肝糖原和肌糖原等碳水化合物氧化产热供能，然后才动用脂肪氧化供能。在刚开始进入寒冷环境训练阶段，寒冷刺激肝糖原和肌糖原氧化分解，心肌和骨骼肌摄取利用血糖加速。但是，由于血糖和糖原的储存量有限，如果一直处于寒冷环境中，机体将动用脂肪参与供能。一般认为在寒冷条件下进行耐力运动，如果糖原储备不足，很容易导致疲劳。

3. 蛋白质

寒冷环境下运动者体内蛋白质的代谢会增加，尿中氮排出增多。如果蛋白质摄入比例偏高，不注意进食主食，造成碳水化合物营养不良，糖储备不足，从而会严重影响运

动能力的发挥以及训练和赛后体能的恢复，同时易导致免疫力下降，感染某些疾病。但是，高蛋白膳食容易引起大量氨类物质代谢堆积，增加肝肾负担，影响运动者成绩和身体健康。

4. 脂肪

脂肪摄入比例过高，不易消化，同时高脂肪饮食会增加代谢时的氧耗，且脂代谢的酸性产物易降低运动员的耐力，影响体能的恢复。速度轮滑项目三大功能物质的摄入比例与其他项目相似，应适当减少动物类食品的摄入。

5. 水和无机盐

在低温的训练环境下，因为人体的口渴感受到抑制，虽然机体失水较多，但口渴感不明显，而运动者往往根据感觉来补充饮水，结果造成补水不足。在速度轮滑训练中，饮水量与摄入食物的量成正比，饮水量过少，摄入食物的量也较少，这往往导致体重下降，影响青少年的正常生长发育。运动者大多数存在矿物质缺乏的现象，主要是钙和锌。钙对人体肌肉收缩、神经信号的传导和人体内环境稳态的保持有着极其重要的作用。锌也是非常重要的矿物质元素，它不但可以帮助机体消除自由基的影响，还可以和镁等共同促进睾酮的合成。

6. 维生素

目前，速度轮滑运动者在日常膳食中很少摄入碱性蔬果，运动食堂又对食物加工过于精细，导致运动者摄入维生素不足。在速度轮滑训练中，机体自由基的产生明显增多，这就对保持细胞生物膜的完整性和酶的生物活性产生影响。维生素 E 的抗氧化功能可以帮助运动者对抗运动中产生的自由基。另外，维生素 E 还有改善免疫机能、缓解运动后肌肉酸痛、降低剧烈运动对肌肉的损伤程度等功效。维生素 D 与运动的关系表现在骨骼的发育、神经肌肉兴奋性以及肌肉收缩能力等多个方面。

（二）营养补剂应用

1. 碳水化合物补充

青少年速度轮滑运动者碳水化合物需要量高于普通青少年，其每天训练时间在 3 ~ 6 h 以上，为保证机体需求，在主食摄入 400 ~ 500 g/d 的基础上，应额外补充碳水化合物 10 ~ 12 g/（kg·d）。同时，应注意训练前、中、后科学补充碳水化合物。训练前 2 h 以外补充碳水化合物 75 ~ 200 g，增加机体肝糖原和肌糖原储备，训练中每 15 ~ 20 min 补充 200 mL 运动饮料，维持并提高机体血糖水平，加速肌糖原的恢复，建议补充液态碳水化合物，补糖和补水同时进行。

2. 优质蛋白质补充

青少年速度轮滑运动者的训练可引起肌肉分解和肌肉疲劳，需补充蛋白质加快肌肉修复并促进疲劳恢复，其中优质蛋白质应占 1/3 以上。建议训练后在补充液态碳水化合物的同时补充适量蛋白质，2 h 以内每千克体重补充蛋白质 0.3 ~ 0.5 g。运动者补充乳清蛋白粉可用牛奶冲服延缓消化时间，增加其在肠道中的吸收；女子运动者可补充大豆蛋白，其中的大豆异黄酮是一种荷尔蒙替代品，而且富含的铁可作为营养性贫血的优质铁源。

3. 矿物质和维生素的补充

青少年速度轮滑运动者的训练过程伴随汗液流失大量钾、钠等电解质，引起身体乏力、肌肉抽搐，导致运动能力下降，故运动后补水的同时还要注意补充电解质。

运动者饮食摄入的钙不足以满足机体需要时，可通过钙剂（如钙镁 D 咀嚼片等）、钙强化食品增加钙的补充。运动者血红蛋白指标连续 3 周以上呈现下降趋势，或在 9～11 g/dL，可通过铁剂增加铁的补充；女子运动者可用补气养血的五红汤，提高机体免疫力，改善贫血症状。

三、青少年速度轮滑运动者的营养干预

（一）加强运动营养知识的宣传教育

青少年速度轮滑运动者日常生活以训练为主，文化基础相对薄弱，其营养观念主要来自媒体、网络，缺乏系统性，科学性更无从考证，仅凭个人喜好选择饮食，三餐搭配缺乏合理性。对于正在发育的青少年，常规训练使每日的基础代谢率大大增加，身体训练需要更多的能量来保证生长发育和基本的身体活动。应针对青少年年龄特点以及速度轮滑项目特点提出简便易行的营养学建议，用通俗易懂的语言、活泼多样的方式进行宣传教育。

（二）加强教师与辅助人员的培训

通过教育学习提升教师与辅助人员的运动营养学知识水平，并以此为桥梁向运动者传递先进的营养理念，纠正不良饮食习惯。学生餐厅饮食供应情况可影响速度轮滑青少年运动者的饮食选择，应按照青少年运动者的营养需求来准备食物。正确选择食物、合理烹调加工也是青少年运动者营养充分吸收的保证，因此膳食制作管理人员应对膳食平衡的重要性有足够的认识。可举办短期培训班向餐厅管理人员和厨师普及营养配餐知识，培养一批实践经验丰富、营养理念先进的餐厅管理人员和厨师。

（三）建立、健全膳食营养管理体系

健全学生餐厅管理制度，明确岗位职责，相关工作人员持证上岗，配备专、兼职营养师，参与餐厅运营。严格执行"三不"原则，即不购买变质的食物和含有农药残毒的蔬菜、不使用过期伪劣的食品和调味品、不混放生熟食物或者混着使用案板切生熟食物。食物残渣、垃圾等每天清理，防止蚊蝇滋生，隔夜饭菜严禁供给运动者食用，保障运动者的食品卫生与安全。

（四）构建运动营养知识宣传网络平台

依托现有网络平台，构建运动营养学知识宣传教育板块，宣传运动营养基本知识、科学训练与营养、项目特点与特殊营养需求、不同性别与年龄运动员特殊营养需求等内容。畅通互动交流渠道，放大营养师作用，针对实践中存在的营养学问题给予解答，并提供可行性解决方案。

青少年处于身心发展关键期，合理营养供应可为其身体机能发展提供支持。青少年速度轮滑运动者的营养需求高于普通青少年，并因北方地域特点和寒冷气候环境，使轮滑运动有别于其他项目。运动餐厅饮食供应应丰富多样，并培养运动者合理饮食观念，从日常饮食摄入和运动营养补剂两方面保障其营养供应，注意粗细搭配，适量摄入海产品，以及蛋、奶及豆制品，按需调整营养补剂应用，全面保证生长发育及日常训练需求，为培养优秀青少年速度轮滑运动者夯实体能基础。

安全篇

第四章
轮滑运动中常见的运动损伤及防治

轮滑运动是一项集娱乐、健身、趣味、休闲、技巧和惊险于一体的竞技性体育项目。它可以有效地改善运动者的中枢神经功能，提升运动者的消化功能与呼吸功能，同时对培养青少年的顽强意志力、准确判断力和灵敏反应力也有较大促进作用。但轮滑项目的运动损伤，极大地影响了轮滑运动的发展。

第一节　轮滑运动中常见的损伤类型和部位

就损伤类型来讲，轮滑运动中的常见损伤可分为扭伤、擦伤、拉伤、划伤、挫伤、关节脱臼和骨折等类型。其中发生频率位于前三位的依次是擦伤、扭伤和挫伤，而轮滑运动者们最担心的严重骨折，在实际运动中较少。就损伤部位来讲，根据国外权威部门调查统计，在轮滑运动中，最常见的损伤部位首先是手腕、脸和下巴，其次是下肢和脚踝，而发生在肘部、膝盖、头部和身体其他部位的损伤则较少。

一、擦伤

擦伤临床症状可表现为抓痕、擦痕、撞痕、压痕、压擦痕等。擦伤在运动损伤中是一种较轻的损伤。

擦伤的处理方法：将不干净的伤口用清水冲洗干净，涂上碘伏或贴上创可贴即可自愈。较严重的擦伤首先需要用酒精消毒，然后涂抹碘伏并敷上消毒纱布止血。酌情采取冷敷法、抬高肢体法、绷带加压包扎法、手指直接指压止血法等方法进行处理，必要时需要到医院进行伤口清洗、缝合、上药、包扎等处理，以免感染或流血过多。

二、挫伤

挫伤又称撞伤，是指皮肤在钝重器械打击或因外力直接与硬物碰撞引起的闭合性损伤，使大腿、小腿、腹部与头部的皮下组织、肌肉、软组织韧带或其他组织受伤，而伤部皮肤往往完整无损或只有轻微破损。单纯性挫伤临床主要表现在局部出现疼痛、肿胀、淤血、压痛和功能性障碍。严重挫伤多合并于某些器官的损伤，大腿挫伤严重时会发生肌肉断裂；头部挫伤常合并脑震荡、脑淤血、骨折；胸部挫伤多会伴有肋骨骨折；腹部挫伤可能会伴有内脏器官的破裂。

挫伤的处理方法：用冷毛巾进行冷敷，使血管收缩，减轻出血程度和疼痛。在受伤处垫上棉花，用绷带加压包扎。24 h 后，待肿胀基本消失，可拆除包扎进行热疗、按摩、理疗和针灸。后期需要进行一些抗阻力活动。如果严重挫伤者请将伤者送往医院进行进一步的医疗处理。

三、扭伤

扭伤常见于损伤部位疼痛肿胀和关节活动受限，多发于腰、踝、膝、肩、腕、肘、髋等部位。

扭伤的处理方法：首先应该采取止痛措施，可把受伤肢体抬高，用冷水淋洗伤部或用冷毛巾进行冷敷，如有冰袋最好敷用，没有也可以用冷饮代替使用。冷疗的作用是减少损伤部位皮下淤血，冰疗 20～30 min 有止血效果，没有冰块时可以用凉水冲，使血管收缩，减轻出血程度和疼痛。不能乱揉动，防止加大出血量。在受伤处垫上棉花，用绷带加压包扎。急性扭伤要多卧床休息，最好在木板床上平躺。简单休息后应立即将伤者送往医院进行按摩、拔火罐、针灸、理疗的医疗处理。

四、脱臼

关节脱臼是因为受到强大外力的打击使关节面之间失去正常的关联。轮滑时发生关节脱臼的常见部位有肘和肩及髋关节，主要原因是摔倒时用手掌撑地或是由于相互间的撞击而发生。症状表现为局部出现肿胀、功能障碍，局部明显压痛、叩痛，以及活动性疼痛等，一般还伴有外观畸形。例如，肘关节脱臼表现为会有明显的凸出肿块；髋关节脱臼表现为下肢的内旋屈曲畸形。

脱臼的处理方法：在现场不可以随意进行整复，且动作要轻巧；关节不可随意伸展及旋转扭动，可以先冷敷，用夹板和绷带进行临时的固定，保持关节固定不动后，立即送医院请医生矫正治疗。如果路途远，肩关节脱臼可用一条毛巾将前臂吊起，用另一条毛巾将伤肢固定在体侧；肘关节脱臼可先用夹板把伤肢按合理的角度固定，再用毛巾将前臂挂起；踝关节脱位，速用凉水冲或用冰袋、冰饮敷于患处。不要让受伤的关节支撑受力，到就近的医院拍片确诊。

五、骨折

骨折是指骨的完整性遭到破坏。轮滑运动中的骨折常发生在腕关节、前臂、上臂、踝关节，主要症状表现为疼痛、肿胀、功能障碍，可伴有畸形、异常活动、压痛、震痛（在远离骨折处振动或者捶击肢体时骨折部位出现疼痛）、骨擦音或骨擦感。

骨折的处理方法：首先应安抚受伤者，防止休克，注意身体保暖。骨折后按病理分为损伤性骨折和病理性骨折；按是否有伤口分为闭合性骨折和开放性骨折；按损伤程度分为完全骨折和不完全骨折。闭合性骨折通常皮肤黏膜完整，骨折断端与外界不相通，而开放性骨折通常骨折断端与外界相通。

骨折根据具体情况简单处理如下：

（1）有伤口或者出血者，先处理伤口及出血，防止休克。

（2）就地固定，不要无故移动肢体，特别是脊柱骨折者。

（3）固定时禁止采用任何整复手法，如畸形严重可按顺序将受伤肢体长轴方向稍加牵引。

（4）禁用裸板固定肢体，夹板的长度要超过上、下两个关节。

（5）开放性骨折不可未经处理就把断骨放回体内。

（6）骨折后关节的固定，即骨折关节的上、下部迅速用夹板固定患处。

根据具体情况简单处理后，必须立即送医院治疗。

六、鼻出血

鼻出血是指鼻部受外力撞击，致使毛细血管破裂出血。

鼻出血的处理方法：让受伤者坐下来，头向后仰，暂时用口呼吸，鼻孔用纱布或干净的软纸塞住，用冷毛巾敷在前额和鼻梁上，一般即可止血。如果仍无法止血，应到医院检查、处理，及时采取有效措施，防止大量出血导致休克。

七、脑震荡

脑震荡是头部受外力打击或碰撞到坚硬物体，表现为短暂性昏迷、近事遗忘以及头痛、恶心和呕吐等症状，神经系统检查无阳性体征发现。

脑震荡的处理方法：轻度脑震荡的患者，安静卧床休息一两天后，即可恢复。对于中、重度的脑震荡，要保持伤者绝对安静。如果伤者处于昏迷状态，可掐人中、内关等急救穴位。严重颅脑损伤者，应使伤者仰卧在平坦的地方，头部冷敷，注意身体保暖，并及时送医院治疗。

八、运动软组织急性闭合性损伤的处理方法

运动软组织急性闭合性损伤是指运动中出现的各种肌肉损伤、韧带损伤和肌腱损伤的总称。其主要原因是运动之前的准备活动不充分，导致肌肉收缩力量过大所致。首先是大腿前后肌群肌肉拉伤（延伸），其次是腰肌损伤。对于运动中导致的软组织损伤提出几点建议如下：

（1）掌握正确的技术动作，避免重复错误动作的出现或反复过度牵拉末端部位。

（2）加强身体运动中相关肌肉的力量练习，合理安排运动量。

（3）急性期需暂时停止运动，暂时停止原有运动的方式方法，改变运动锻炼的活动形式。

（4）采用物理疗法或中西医相结合的手法缓解症状。

（5）运动中受伤需第一时间到医院诊治，必要时局部封闭注射。

（6）康复运动前做好准备活动，之后做好放松活动练习。

九、腰部损伤的症状及处理方法

运动导致腰部损伤主要有腰肌劳损、腰肌损伤、腰椎间盘突出等。在轮滑运动中如果腰部用力不当等会发生急性腰扭伤。其常见原因是腰部负荷重量过大、脊柱超过生理范围的活动及用力不当（运动幅度过大的转身）等，症状主要表现为局部疼痛、压痛、活动受限（前屈、侧展、后伸等活动幅度减小）等。有时这种疼痛不是由运动引起的，

而是与静坐少动的生活方式有关。对于急性腰扭伤者需要多卧床休息，最好使用木板床，不使用软床垫；在腰后部垫上一个小枕头，以减少腰部受力。24 h之后，可按摩、电针灸、中草药敷于疼痛处、远红外线理疗等。康复期可进行相关部位肌肉力量练习，如背式的燕飞、仰卧起坐等。

十、膝关节慢性疼痛的症状及处理方法

膝关节慢性疼痛多是由于半月板损伤、髌骨疼痛综合征、髌腱病或膝关节失稳、股四头肌肌腱病等引起。如果在做准备活动及开始运动后疼痛症状减轻，活动结束后症状又加重，这种情况多是由于膝关节周围肌腱病引起。

髌骨劳损是髌骨关节的髌骨软骨面的退行性改变。由于轮滑运动要求长期处于半蹲位进行运动的方式，导致其髌骨劳损的发生率较高。其常见症状有膝关节疼痛、膝关节发软、关节内有响声、髌骨指压痛、股四头肌萎缩、关节积液等，产生的主要原因是长期半蹲位运动使髌骨受到牵拉和摩擦导致损伤、急性拉伤以及髌骨尖部受到外部直接撞击所致。

髌骨疼痛综合征、髌腱病的典型症状是下楼或下蹲痛，跑步痛，长时间坐痛，主要原因与关节周围肌肉力量不足有关。有时这种疼痛不是由运动引起的，而是与静坐少动的生活方式有关。一般轻症可进行相关股四头肌肌群的力量练习，日常康复治疗可采取按摩、中药外敷、理疗、封闭等会有一定疗效；重症可考虑手术治疗。

十一、心血管系统机能潜伏的伤害及处理方法

经常参加轮滑运动锻炼，对心血管的形态、结构和机能都会产生不同程度的良好影响，提高心脏功能的同时，可以延缓心肌衰老。长期坚持锻炼的轮滑者，特别是喜爱长距离锻炼者，不仅能使心脏增大，还能提高心脏功能。科研人员曾长期跟踪运动员和普通学生取样，调查研究缺乏锻炼的人和长期坚持锻炼的人发现：心率/心输出量的数据，后者明显好于前者。长期坚持轮滑锻炼者安静时心跳48～58次/min，而缺乏锻炼者心跳为70～80次/min。坚持锻炼能影响血管壁的结构，改变血管在器官内的分布；促使心肌收缩力增强，心脏容量增大；对机体的造血功能有着良好的改善作用，提高骨髓的造血能力，同时提高红细胞的载氧能力。心血管机能潜伏伤害发生的原因：原有潜在疾病；运动负荷过大；运动中过于兴奋。建议根据自身的身体情况，制订一份长期锻炼目标及计划来合理安排周期性的锻炼时间、运动量与强度；加强运动前热身与运动后放松活动的意识；采用积极的方法和手段恢复身体机能，如韧带的缓慢拉伸、相互之间的按摩及热水澡等；定期去医院检查身体是必不可少的一项。

十二、突发的症状及处理方法

（一）运动性晕厥

运动性晕厥是指在运动中或运动后由于脑组织一时性供血不足或血液中化学物质变化引起的突发性、短暂性意识丧失或肌张力消失并伴随跌倒的现象，多发于缺乏运动锻炼者或者对体育运动不喜爱导致运动时心理恐惧造成。

单纯性晕厥又称血管减压性晕厥,其为情绪波动、精神刺激、竞赛伤痛等因素导致的晕厥。

重力性休克是指当进行以下肢为主的剧烈运动骤停后,大量血液滞留在下肢血管中、回心血量不足导致脑供血量不足,引发的晕厥,多见于轮滑马拉松和长距离滑行项目。长距离的练习需要循序渐进,掌握训练负荷量的动态变化规律。

(二) 运动性中暑

运动性中暑是指在高温高湿环境下运动导致体温调节、汗腺分泌功能障碍和电解质丢失过多为特征的疾病。中暑发生前,可有头痛、眩晕和全身疲劳等前期症状,或自身有热痉挛、热衰竭、热射病等症状。运动性中暑多发生于炎热的夏季。速度轮滑和轮滑球运动,如果选择在室外锻炼,不宜时间过久、负荷量及负荷强度过大,避免流汗过多导致严重缺水。

运动性中暑的处理方法:在高温高湿环境中体育锻炼,一旦出现热痉挛症状,应迅速将患者转移至通风阴凉处休息,饮用含钠、钾、镁、钙盐的饮料,服用十滴水、仁丹等。使其平卧,去除全身衣物,对皮肤肌肉按摩,促进散热、降温。降温时,采用体外降温,脱衣服,用冰或凉水反复擦拭皮肤促进散热;也可选用扇子、电风扇、空调等让身体快速降温,让水迅速蒸发降体温;或在头部、颈部、腋窝、腹股沟等处放置冰袋、冰块降温。严重者要及时送医院处理。

第二节　引起轮滑运动常见损伤的原因

轮滑运动时导致运动者发生运动损伤的主要原因:主观意识中缺乏自我的保护能力、练习水平不够、身体素质差、动作不规范;运动前不做准备活动或准备活动不充分,缺乏适应环境的训练,以及教学、竞赛工作组织不当。运动损伤中急性多于慢性,急性损伤治疗不当或过早参加训练等原因可转化为慢性损伤。

一、不正确的轮滑运动技巧

轮滑运动是一项惊险刺激的趣味性体育项目,它对运动者的体能耐力、身体灵活性和轮滑动作技巧都有较高要求。我国轮滑教育普遍起步较晚,专业的轮滑教师并不充足,许多学校的轮滑教师都不是科班出身,他们在为学生讲解轮滑动作时经常抓不住重点,演示也不到位,形成学生轮滑错误技术动作的误区,产生运动损伤。同时,因为许多初学轮滑者好高骛远,不专心练习老师传授的轮滑基本动作要领,而过于追求一些难度较大的轮滑动作,这样就非常容易在日常的动作训练中出现损伤。

二、轮滑教学中缺乏合理的教学组织和严格的课堂纪律

轮滑运动必须进行一些热身跑和身体柔韧性训练等准备活动,以将运动者的全身关节舒展开,防止运动损伤。在实际的轮滑教学中,很多轮滑教师都不注重开展课前准备活动,经常直接让学生进入训练状态,进而引起学生运动损伤。有些轮滑教师教学组织经验不足,将轮滑教学时间设置得过长,安排的运动量过大,进而引起学生身体疲劳,

大脑注意力不集中，为发生运动损伤埋下隐患。另外，还有些轮滑教学，课堂纪律涣散，许多学生不按教师要求进行练习，而是私自展开横穿逆行，低头滑行等随意练习动作，一不留神就会引起运动损伤。

三、轮滑场地不安全以及轮滑器械和防护装备性能不佳

轮滑运动作为一项竞速体育运动，对轮滑运动场地、轮滑器材和轮滑防护装备等都有一定的专业要求。目前，因为经济因素的制约，我国许多轮滑学校并没有配建专门的轮滑运动场地，很多青少年都只能在社区广场、大型公园或者学校操场上学习轮滑。这些非专业的轮滑运动场地，不但容易磨损轮滑鞋，还容易引发轮滑运动损伤。在轮滑运动中，科学佩戴性能良好的轮滑器械和防护装备，能够有效地降低轮滑运动损伤。我国许多的农村孩子，因为家庭经济条件有限，孩子们很难穿上型号合适的轮滑鞋，而且家长也没有安全意识，很少为他们佩戴相关的轮滑护具，以致他们经常出现不同类型的轮滑运动损伤。

四、轮滑运动者自我安全防护意识差

轮滑运动者自我安全防护意识差也是造成轮滑运动损伤的又一重要原因。目前，许多轮滑教师为了有效确保学生的人身安全，会仔细地将轮滑运动的正确运动方式逐一讲解给学生，并不断提醒他们增强自我安全防护意识。但是，教师很难在一些动作细节上，讲解得尽善尽美，这样学生根据自己的理解，盲目进行练习时，就容易出现运动损伤。同时，许多学生的轮滑水平提高后，由于对自我能力估计过高，安全防护意识不足，即使教师有硬性规定，也经常会偷偷摘掉轮滑护具，导致损伤就在一瞬间发生。

第三节　轮滑运动损伤的有效预防和恢复措施

一、向学生讲解正确的轮滑技术和专业损伤预防技巧

轮滑教师在教学时向学生讲解正确的轮滑技术和专业的损伤预防技巧，及时纠正学生的各种错误、不到位动作，是有效预防轮滑运动损伤的基本措施和重要途径。在实际的教学活动中，轮滑教师一方面必须对各项轮滑动作分步讲解、演示到位，同时依据学生的具体学习状况、实际认知能力和接受能力，科学指导学生练习轮滑技术基本要领，从而最大化地避免轮滑运动损伤，另一方面教师还必须传授给学生一些专业的损伤预防技巧。例如，在向前摔倒时，要尽快屈膝翘臀下蹲，同时双手撑触地滑向肘关节，双手指自然向上翘起，手背护住自己的面部，起到缓冲保护作用。如果在摔倒的瞬间，身体重心侧向或者向后摔倒，需要双臂借助护具来保护尾骨；如果出现向后摔倒尽量使身体臀部位置先着地，这样就可以有效防止身体重要部位产生损伤。

二、提高轮滑教师的教学组织能力，制定严格的教学纪律

在轮滑课堂上，如果教师的教学组织能力不强，安排的教学内容过多，运动量过

大，学生就容易陷入疲劳状态，很难再集中精力学习轮滑动作要领，有时还会产生运动损伤。因此，轮滑教师必须不断提高自己的教学组织能力，制定科学的教学计划，并依据学生的体能状况安排合适的教学内容。同时，在每次训练开始前，做好课前热身活动，使学生从平静期到轮滑运动剧烈期有一个缓和过渡。另外，在轮滑教学课堂上，轮滑教师要制定严格的教学纪律，严禁学生在轮滑训练中私自练习违规动作或者相互打闹，时刻关注学生的举动，一旦发现课堂违规行为，及时加以劝阻和教育，尽量避免轮滑运动中的意外损伤。

三、选择专业的轮滑场地，配备性能优良的轮滑器械与护具

为了有效保护学生的人身安全，防止学生在轮滑运动中产生运动损伤，轮滑学校应该为学生兴建专业的轮滑运动场地，并派专人定期对轮滑运动场地进行检查和维修，及时更换性能不佳的轮滑器材，最大化地避免运动损伤。同时，轮滑教师在教学中应制定硬性规定，要求学生穿合适的轮滑鞋，并配置专业的轮滑护具，并经常提醒学生相互检查彼此的轮滑护具佩戴状况以及轮滑鞋磨损状况。这些都有助于有效预防轮滑运动损伤。

四、加强轮滑学生的安全教育，增强自我安全防护意识

学生是进行轮滑运动的主体，其在轮滑运动课堂上的表现，不仅受课堂纪律的制约，更受自身主观意识的支配。因此，在轮滑训练中，轮滑教师可以通过一些多样化的教育方法，不断提高学生的自我安全防护意识。例如，在日常的轮滑教学中，轮滑教师可通过一些海报宣传、多媒体展示等方式，反复对学生进行自我安全教育，不断提高学生的自我安全防护意识。另外，在日常的教学过程中，轮滑教师要将运动损伤的类型、轮滑运动损伤的原因、轮滑运动损伤的预防措施以及损伤后的正确自救知识等安排在教学内容中，逐一传授给学生，进而使学生对轮滑运动的了解更加深入，以增强他们在轮滑运动中的损伤预防技能和损伤后的自救能力。

轮滑运动与其他体育项目一样也存在着一定的运动风险，受各种因素的不良影响，经常会出现一些运动损伤。相关轮滑运动教学人员必须深入地了解轮滑运动的损伤类型和原因，并采取有效措施，指导学生做好轮滑运动的损伤预防和科学恢复工作，以便安全、顺利地进行轮滑教学与训练。

第五章

轮滑教学中常见的损伤及防治

轮滑教学是学生系统学习轮滑运动，获得身体健康的一门必要课程。然而在轮滑教学的过程中，学生难免会有磕磕碰碰的情况发生，尤其是运动的损伤风险发生率极高。从危害程度来讲，事故一旦发生，对学生、家长和教师、学校都是一个打击。

从现今我国高校教学的现状来看，教育产业发展偏重于知识教学，对学生的体魄要求往往有所忽视，学生身体素质趋于脆弱，在课堂教学及业余练习中发生的运动损伤也越来越多。

第一节　轮滑教学过程中常见的运动损伤原因

（1）在正常情况下，缺乏知识，锻炼措施不当，运动防护意识缺乏，未能积极采取有效的预防措施，这些都是引起学生运动损伤的原因，进而导致运动伤害的发生。

（2）运动前的准备活动不足，不做强体力训练前的准备活动，容易引起肌肉拉伤、扭伤；或者是准备活动时不用心，没有好的状态，导致身体功能损伤。

（3）精神状态不佳，缺乏认识，思想迟钝，情绪激动，或在实践中由于恐惧、犹豫和过度的紧张引起的损伤；身体基础薄弱，身体素质差，或者动作要领掌握不正确，有时无法满足体育活动的需要，或急于求成，容易发生损伤事故。

第二节　轮滑教学过程中运动损伤的防护策略

在轮滑教学过程中，首先应该将安全意识潜移默化地渗透到教学当中，让学生先对运动损伤有一个初步的认识，然后对预防措施进行系统的传授并提出具体的要求。鉴于运动损伤发生的原因，教师可以通过引导学生对体育运动知识进行多方位的了解，可以通过知乎、微信等途径使学生了解一些相关知识并学习在受伤后的简易处理方法，不要做出加重受伤的错误行为。

一、加强安全意识培养

首先，在进行轮滑课教学前，讲解并演示轮滑护具的重要性，将安全防护意识深入地渗透到每一节课之中，让学生对轮滑教学运动中的运动损伤有一些初步的认知；其次，对预防的措施给予行之有效的具体方案；最后，加强师生对运动损伤的重视程度，高难度的动作及大强度的运动练习要在合适的情况下进行。

二、坚持科学化训练

从体能训练方面来看，预防运动损伤的最佳手段是提高自身的身体素质。这可以通过轮滑陆地专项的练习，使学生身体的大肌群、小肌群、深肌群、核心力量、稳定灵活等能力都达到一定标准。例如，学生力量练习时，做下蹲屈腿练习，如果负重过高，股四头肌的力量不够，学生就会不由自主地选择站立而不做屈膝弯腿动作。靠腰部和脚踝肌肉的力量来支撑，也会因为练习者的左腿与右腿的腿部力量明显不均衡，导致在训练过程中身体发生意外损伤。

技术动作的准确性，只有技术动作做对了，训练才不会受伤。只有身体具备必要的力量、协调、灵敏、柔韧性，才能更好地预防运动损伤。

准备活动并不是简简单单地做头部与上肢和下肢的运动，而是以身体出汗为基础标准的加热运动，即加热身体肌肉。例如，动态拉伸与热身运动，对于力量薄弱的人群也能起到力量锻炼提高的作用。

教学内容练习结束后的放松运动（如静态拉伸），能更好地使运动者的身体肌肉得到放松，可以有效地减少肌肉拉伤的概率。

三、全面提高身体素质

从解剖学角度来分析，关节一般是运动损伤的多发部位。加强易伤部位肌肉力量和伸展性的锻炼是关键。因此，教学与练习时，加强关节周围肌肉和韧带力量练习，运动中身体的伸展性和柔韧性将得以提高。专门性练习（跳跃、力量等）不宜过于集中，应在不同动作和组合练习中穿插进行。这样既可以提高教学练习的兴趣，又可有效避免局部关节负担过重的问题。

另外，要注意身体的全面发展，使各运动部位的肌肉力量与伸展性得到全面协调发展。

四、生活中运动损伤的预防与建议

（1）通过网络信息资源详细了解体育运动方式方法的自我保护知识，也可以在知乎、微信上多了解一些相关的防护知识。

（2）进行体育运动或跑步前，对运动所选择使用的场地和器材的安全性一定要认真检查，尽量穿着合适的运动服与运动鞋。

（3）安全进行体育锻炼的前提是准备工作一定要做好，特别是剧烈运动前，预热准备活动一定要做好，消除自身身体的僵硬。

（4）要根据自身的实际情况制定适合自身的运动计划，千万不可盲目性运动，容易造成适得其反的效果。

（5）因地适宜地选择并结合自身情况来决定运动方式。如果选择运动强度较强的运动，应综合考虑自身的身体素质，保护好容易受伤的部位，并在受伤后保持冷静，及时采取正确的救护措施。

第三节 轮滑教学中损伤的应急处置策略

（1）运动型擦伤为常见损伤，应根据损伤程度采取不同的应对方法，做好消毒、止血、冰敷和镇痛治疗，必要时及时送医处置。

（2）鼻出血可以让受伤者先找个地方躺下或坐下，垫起颈部，头向后仰起，用口呼吸，左鼻出血举起自己的右手臂，右鼻出血举起自己的左手臂。暂时使用纱布或者纸巾塞住鼻孔，之后用冰敷鼻梁和前额，止住鼻孔的出血。在肢体关节扭伤时，首先做好止血和止痛以及安抚，然后抬高受损的肢体关节，以冷敷来让受伤肢体的血管收缩，降低出血量，并避免移动患肢加重病情，及时送医进行绷带加压包扎。脑震荡和骨折是运动损伤中较为严重的症状，应该先让受伤者就地休息，保持绝对的安静，及时送医治疗，尤其要防止休克，注意保暖，止血止痛，做好包扎固定。

（3）轮滑教学过程中运动损伤问题不容回避和忽视，为保证学生安全，教师在指导教学练习中需要对常见运动损伤类型和预防措施进行分析，提前做好防护措施并应用技能和措施防止运动损伤发生，将对运动者的危害降低到最小。

实践篇

第六章

休闲轮滑运动教学

第一节 休闲轮滑的基本技术

一、基本站立姿势

1. 动作要领

上体前倾，双臂微屈的同时双手放置于后腰部；双腿屈膝，两脚平行分开与肩同宽。

2. 常见问题

（1）重心不稳定，恐惧轮子的滑动。

（2）过于着急想行走，不会控制轮子的制动。

3. 解决方法

（1）滑行者双腿的膝关节、踝关节不可弯曲，双腿要用力靠拢站立。

（2）身体的重心置于两轮中间的位置。

（一）V 字形站立

1. 动作要领

双脚 V 字形张开约为 90°，保持双脚脚后跟并拢；双膝微屈打开，注意膝盖的垂直投影不过脚尖，如果双膝过于向前，会对膝盖产生一定的伤害；双手扶膝以保持身体稳定，大腿、上体与手臂呈一个稳定的三角形；当达到一定限度后，可把手臂背于身后增大身体平衡的稳定性，目视前方。V 字形站立如图 6.1.1 所示。

2. 常见问题

（1）控刃的能力不够，双脚容易左右摇摆，偏（内或外）刃。该现象主要存在于学习轮滑的前期，这是由于脚踝及大腿力量不够，或者内心的恐惧与紧张心理，导致脚踝错误发力，过度依赖鞋靴支撑力，从而出现此情况。这也就是在学习初期需要配置轮滑鞋为硬壳靴的道理。

图 6.1.1 V 字形站立

（2）双脚不能够保持 V 字形站立，容易前后滑动，不能够保持稳定。该现象主要因为学习初期，身体平衡能力有限，腿部力量也有待提高。因此，练习的过程也是锻炼学生平衡与力量的过程，当各方面能力达到练习要求时自然就可以很好地控制。

3. 解决方法

（1）问题（1）：教师辅助学生或学生互助，站在练习者的身体侧后方，用双手抓住学生的脚踝，给学生的脚踝以正确力量，帮助学生控制好脚踝，培养学生正确的脚踝肌肉记忆，从而记住正确的发力方式，拒绝偏刃。

（2）问题（2）：提醒学生用双手扶膝，使其重心稍微前倾，重心放在双脚脚掌心（中间的 2 个轮子和 3 个轮子上），以此控制双脚平稳。

（二）A 字形站立

1. 动作要领

双脚开立宽于肩，双脚尖方向的延长线相合，用双脚的内轮刃支撑着地，有利于保持平衡。做向后滑的动作时，就要采用这种站立姿势启动。A 字形站立如图 6.1.2 所示。

图 6.1.2　A 字形站立

2. 常见问题

双脚无法让脚尖靠拢，双脚跟向外滑动，导致存在摔倒现象。

3. 解决方法

手扶物体，重心保持在两脚之间，脚尖内扣慢慢内收靠拢，重心落在前 3 个轮子上面。

（三）平行式站立

1. 动作要领

两脚间距 15 cm 左右，屈膝下蹲、双手扶在大腿部位，身体保持平稳。平行式站立如图 6.1.3 所示。

2. 常见问题

双脚无限度自然前滑，破坏重心稳定性，导致不能平行式站立。

3. 解决方法

重心落于双脚上，双腿屈膝下蹲，锁住踝关节，避免轮子向前滑动。

图 6.1.3　平行式站立

（四）T字形站立

1. 动作要领

双脚的轮子尽量立直站稳，双腿微弯曲，抬头目视前方，双臂放松微屈前伸。左脚垂直站立，左脚跟对准右脚的脚心，双脚成T字形站立。双腿大腿的内侧肌用力收紧，避免左脚向前滑行，破坏平衡。T字形站立如图6.1.4所示。

2. 常见问题

双脚站位不垂直，导致脚踝肌肉记忆错误，无法感知正确的垂直角站位。

3. 解决方法

练习前脚垂直点，前脚的脚跟靠拢后脚的中心点（2与3轮中间点），反复练习前脚的摆位，前腿向前推5～10 cm，再回拉垂直靠拢，使肌群记忆发力点。

图6.1.4　T字形站立

二、摔倒的自我保护与停止方法

（一）摔倒与站起

1. 摔倒练习

在轮滑的学习过程中，摔倒是难免的，这里我们介绍摔倒的正确动作。当向前摔倒时，要主动屈膝下蹲，膝关节着地，同时身体前送，用双手撑地缓冲滑行过渡到双肘支撑，双手掌滑起上翘离开地面，掌心朝外，手背立起护住自己的面部，臀部翘起避免擦伤髋关节。

2. 站起练习

在摔倒后的站起练习中，首先双手撑地成跪姿，然后单膝起立，同时双手靠压在大腿上面，后腿蹬地撑起站立成T字形，上体再慢慢抬起。

　　温馨提示　在摔倒练习前，一定要认真检查自己佩戴的护腕、护肘及护膝是否正确。在摔倒时，臀向上翘起，要避免腹部及髋关节触地擦伤。摔倒的自我保护方法如图6.1.5所示。

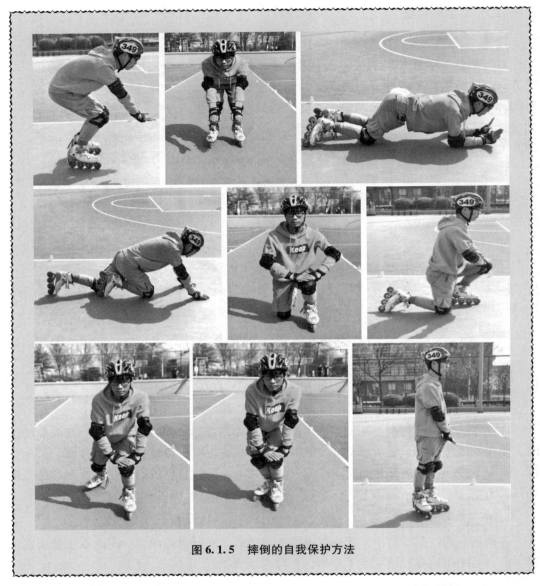

图 6.1.5　摔倒的自我保护方法

（二）停止的方法

1. 刹车器停止法

在进行滑行时，身体重心移向没有刹车器的一侧，同时屈膝后坐，将有刹车器的脚前伸，脚尖抬起时力量作用在后跟的刹车器上，双手掌立起护面部，掌心朝外，双肘不要外翻，前腿用适当力量压地，使刹车器与地面摩擦，逐渐减速而停止。此动作需要先原地练习，感知着地点再进行行进中练习，制动脚的踝关节收紧，脚后跟踩实。刹车器停止法如图6.1.6所示。

图 6.1.6　刹车器停止法

2. T字形停止法

当左腿支撑滑行时，上体抬起直立，右脚外翻并横放在左脚后面，两脚成T字形，使右脚的轮子横向与地面摩擦。两腿弯曲，重心下降并逐渐移向右脚，致使内侧轮刃与地面加大摩擦，使之减速而停止。T字形停止法如图6.1.7所示。

（a）　　　　　　　　　　　　　　（b）

图6.1.7　T字形停止法

弓，后腿蹬呈"T"字形减速；（b）前脚后轮靠拢后脚的中间部位呈"T"字形停止

三、行进间的滑行技术

（一）刃的认识

轮滑鞋各刃轮的展示如图6.1.8所示。

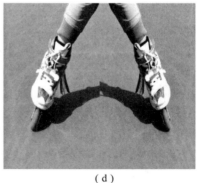

（a）　　　　　（b）　　　　　（c）　　　　　　　（d）

图6.1.8　轮滑鞋各刃轮

（a）中刃轮；（b）外刃轮；（c）内刃轮；（d）对应刃轮

1. 刃

垂直向下看，当看到轮子的中部是平的，两侧边是斜的，这就是轮子的刃。

2. 中刃轮

轮子的中部就是中刃轮。将轮滑鞋平放在地面上进行向前或向后的滑动，就是用中刃轮完成的。

3. 外刃轮

两脚踝关节同时外展，即是外刃轮着地。越有经验的选手使用外刃轮的机会越多。

4. 内刃轮

两脚开立宽于肩，内刃轮着地。内刃轮在滑行中，尤其是在向前滑行时运用较多。

5. 对应刃轮

双脚间距 5 cm，压在内踝和右外踝即出现对应刃，一般在压步时采用。

（二）起动与滑行

通过原地的基本技术练习，双腿对基本起动滑行技术动作的要领会有所感知，能够简单有效地控制双轮的稳定性。

1. 起动行走

双脚呈"外八"字形站位，身体重心从双腿支撑移向前腿，后腿抬起向前迈出，内侧刃轮落地支撑身体重心，反复交替行走。

2. 滑行

双脚呈平行式站姿，身体重心移向一侧，此侧腿为支撑腿，另一侧腿为蹬动腿。支撑腿借着蹬动腿的推力向前滑进，滑进腿变为支撑腿，蹬地腿变成浮腿 – 收回 – 落地支撑，支撑腿变为蹬地腿 – 浮腿 – 回落支撑。反复交替滑行的初期步幅小、频率慢、距离短；随着练习时间加长，腿部控制重心的能力增强，蹬地力量变大、频率变快、滑行距离变长。

3. 倒滑

简单来说就是将两只脚，不断地向背后方向蹬地滑行，可增强轮滑者的协调性和反应能力。

轮滑开始和结束的每个动作都要有准备姿势。准备姿势要求上身、腿、臂保持平衡并控制好轮滑鞋。这有助于滑行者在任何速度和条件下对鞋的控制。双脚同肩宽，蹬着轮滑鞋向前、向后滑动，并感到脚下的轮子在滚动。开始做后滑时要采用 A 字形站立姿势，两腿宽于肩，这样有利于保持平衡，用内刃轮着地，同时用内刃轮向外推，这样就会向后滑动。屈膝，头转向侧面，用眼睛的余光观看前后滑行的路线是否安全；身体重心在两腿中间，脚下要画出个"Ｖ""Λ"字形，且反复练习这个内收、外展的动作，直至自然连贯。

> **温馨提示** 膝关节不可直立，脚跟末尾的轮子不支撑身体的重心。

（三）转弯技术

转弯技术是学习轮滑技术中非常重要的技术之一。直线滑行时遇到障碍及突发状况时，需改变前进滑行的轨迹，通过弯道交叉步滑行，以此来提高自己在滑行中的安全系数。弯道交叉滑行如图 6.1.9 所示。

　　　（a）　　　　　　　　　　（b）　　　　　　　　　　（c）

图 6.1.9　弯道交叉滑行

（a）身体重心移向左腿；（b）右腿向侧方蹬出；（c）右腿跨越左腿交叉

第二节　休闲轮滑技术的教学步骤

熟悉休闲轮滑用具的配置和了解休闲轮滑的滑行特点，充分做好相应的准备工作对学习休闲轮滑运动是至关重要的。

一、休闲轮滑初学者的安全常识

（1）练习前必须准备好轮滑用具及佩戴好头盔、护膝、护肘、护掌。

（2）练习前检查轮滑鞋、底架、轮轴、螺丝等是否牢固，如有松动及时修理妥当才可穿鞋上场练习。

（3）上场练习时必须采取正确的练习姿势，否则极易摔倒，造成身体受伤。

（4）初学者首先需要学会停止与摔倒时的自我保护方法。向前摔倒时应避免单臂支撑，双手不可握拳，全掌撑地五指翘起，滑向肘部支撑；向后摔倒时应避免上体伸展与抬头（保护头部）；向侧摔倒时两臂收紧，顺势向侧滚动。

（5）场上练习时严禁顺时针方向滑跑，听从教师口令安排滑行轨迹。

（6）每次上课必须穿运动服、运动鞋，充分做好身体各关节的准备活动。

二、初学者的技术教学顺序

（一）陆地素质

通过陆地身体素质及专项技术模拟的练习，加强学生肢体的感知力，使对即将教学的内容具有一定的适应能力，减少并尽量避免发生运动损伤。

（二）摔倒与站立

轮滑运动是一项比较特殊的运动项目。在穿上轮滑鞋的那一刻起，身体就已经开始了工作，运动者的脚会处于悬空状态。此时，身体需要控制自身的平衡稳定性、脚踝的力量能力，那么如何掌握安全地站立、行走、滑行的技术动作是每一位初学者所面临急需解决的问题。首先，学会摔倒的自我保护方式方法与独立站立起来尤为重要；其次，加强学生自我安全保护意识的培养，是保证每一位轮滑运动者健康快乐学习轮滑运动的基础；最后，只有培养足够的安全防范意识才能避免发生运动损伤，使每一位轮滑运动者都能掌握正确的轮滑运动练习方式方法。

（三）原地熟悉轮子的性能

初学者必须先在原地熟悉轮滑鞋的轮子性能，才会有效地去控制轮子在滑动中的轨迹，消除自身因轮子的滑动导致身体重心不稳定而造成的自身恐慌。通过原地熟悉轮子性能的动作技术练习，对快速地掌握行进间的滑行技术动作可起到积极的促进效应。

（四）直道滑行技术练习

直道滑行动作技术是指将原地的分解动作技术组合起来，构成完整的直道滑行动作技术。伴随着滑行时的速度感、快乐感、趣味性、愉悦感集于一体，使每一位运动者展示出自我的优美滑姿。

（五）停止的方法

在滑行过程中，滑行者会遇到各种各样的突发状况，如障碍物、人群、自行车等，随之而来的难题是如何让滑行中的自己快速停止滑行尤为重要。每个动作的熟练程度是与枯燥、反复的练习密不可分的，最终才能娴熟掌握动作技术的精确程度。

（六）弯道滑行技术练习

此动作能帮助滑行者更有效地保障自身的安全。改变任意方向的滑行及遇到突发的状况，通过转弯改变滑行的轨迹与方向，同时这也是加快滑跑方式的一种技术风格。

第三节　休闲轮滑技术的教学手段与方法

一、传授技术与接受技术教学

教师根据授课的内容传授学生所要掌握的技术动作，传授技术与接受技术这个过程是教学过程中的重要部分。通过讲解与示范使学生建立正确的动作技术概念及轮滑运动的人体运动学原理，使学生能快速了解即将学习、练习的动作技术的表象、顺序、动作技术要点及难易点。

（一）示范法

先完整示范动作技术再分解示范动作技术，进行二者相结合的教学。

1. 完整示范法

完整示范法能有效地让学生感受到动作技术的完整性。此方法教学对初学者掌握动作技术的连贯性是非常重要的环节。

　　温馨提示　简单或难度小的动作技术采用完整示范法教学。

　　2. 分解示范法
　　分解示范法是把一个完整的技术动作通过几个部分来演示，让学生了解动作技术的单一体及如何形成完整的动作技术的组合体。

　　　　温馨提示　通过分解示范动作技术，突出重点和难点，便于学生快速掌握动作技术。

　　3. 示范站位
　　示范站位包含讲解示范站位与动作示范站位。教师示范位置的选择对教学完成的效果有重要的影响。
　　1）讲解示范站位
　　教师应根据传授教学的内容来选择站位，如等边三角形、圆的中心点等。教师主要是根据学生的站位队列选择中间位置站位。
　　2）动作示范站位
　　教师示范动作的示范面包括正面、侧面和背面。
　　（1）正面示范。正确运用正面示范传授技术动作，使学生能快速有效掌握动作的整体认知。
　　（2）侧面示范。侧面示范能有效地把技术动作的结构展示给学生。
　　（3）背面示范。为了使学生掌握正确的滑行技术动作，教师应采用背面示范与背向领做的示范方法，使学生跟随教师来模仿技术动作以利于短时间内掌握难度较大的技术动作。

　　　　温馨提示　学生的站位决定教师站位的选择，教师可根据教授的内容来组织学生们的站位。选择最佳的站位能有效地提高教学的效果及学生对技术动作的掌握程度。

　　（二）讲解法
　　通过语言表述技术动作的方法和要领，使学生了解技术动作是由哪几个要素构成的，启发学生明确动作的规范性及其标准的准则。

　　　　温馨提示　讲解要突出重点，通俗简练，形象化与术语化并用，讲解与示范相结合。基础差的学生与运动者需要以示范教学为主，而高水平的学生与运动者应以讲解教学为主。

（三）意念模拟法

通过大脑的意念形成正确的动作技术后，运用肢体展示模拟意念中的动作，强化技术快速合成。

> **温馨提示**　意念与运动感觉同步，建立正确的动作技术动力定型与动作步骤完整的组合，加快学生在实践练习中的掌握程度。

（四）多媒体法

通过多媒体教学的课件与教学难点视频展示，使学生对动作技术快速地了解和掌握，强化动作技术记忆在脑海中的快速形成。

> **温馨提示**　使用多媒体设备反复观看正确技术动作、优秀选手的先进技术，激发自我学习兴趣，形成正确的动作技术概念，加深动作技术的感知与动作技术的辨别分析能力。

（五）反馈法

客观反馈，即课堂上需要反复练习来掌握教师传授的动作要领，同时将在练习中的真实感受及发现的问题，及时反馈给教师得到正确的引导与解答；自我反馈，即课后练习实践过程中产生的感受与困惑反馈给教师，并得到教师的肯定、解答、赞扬与鼓励后，可以增强学生练习的信心与积极性。

> **温馨提示**　对每一位运动练习者，反馈法都是快速掌握轮滑运动技术动作的有效方法之一。

二、技术教学的组织与练习

对初学轮滑的学生来讲，休闲轮滑技术的教学组织对于掌握轮滑动作技术的好与坏起到承上启下的作用。腿部与脚踝的力量对轮滑运动的支撑平衡是至关重要的。初学者在学会简单的动作技术后，如何达到熟练应用，教师需要运用各种有效的组织方式方法让学生反复练习，形成正确的动作技术技能自动化与动力定型。教师可以根据教学内容的难易程度与学生具体掌握的程度，安排实践练习的方法、时间、次数与运动负荷。教师通过现场教学掌握的具体情况提出练习的详细要求和练习重点，使学生有针对性地在快乐中主动练习来完成教学任务。

轮滑教学组织与练习包含集体教学与练习、分组教学与练习、游戏教学与练习和比赛教学与练习等。

（一）集体教学与练习

初学者的授课方式先期都需要采用集体教学的方式进行。原地单一的轮滑动作技术需要学生一起来集体练习（如站立、摔倒、停止、蹲姿、侧蹬、支撑、踏步、行走等）。集体教学与练习便于教师观察学生们掌握技术动作的实际情况并能及时纠正学生的错误动作；学生按教师的口令与要求统一做动作，使学生先感受轮滑鞋与轮子的性能，通过反复练习提高身体控制平衡的能力。集体教学与练习可以培养学生互帮互助、顽强、勇敢的意志品质与集体主义精神，激发学生进取精神。

> **温馨提示**　集体教学与练习便于及时发现存在的问题并及时纠正错误动作技术，激发学生之间互帮互助的练习兴趣。

（二）分组教学与练习

首先按照学生掌握轮滑技术动作的水平进行分组，或按一带几的方法分组，然后按每个组的情况安排练习内容并提出具体的要求。

学生分组练习（每组4~6人），练习时学生之间互相观摩技术动作，互相交流自我感受与认知，提高动作的准确性；教师巡视，及时解决学生存在的具体问题并给予帮助。

把轮滑场分成4个区域，通过轮换轮滑区域来改变练习的内容，调动学生练习的积极性，同时可提高教学的质量，增加练习的密度。

> **温馨提示**　听指挥、按要求、循序渐进，并有序安全地进行练习。

（三）游戏教学与练习

不论是初学者还是有一定轮滑基础的学生，选用游戏教学法可以调动学生积极性，激发学生学习的兴趣，从而巩固与提高动作技术在实践中的运用能力。相应地，也会把自身的动作技术不足之处与错误动作展露出来。通过游戏的选择，能有效地强化与巩固所学的技术动作。

> **温馨提示**　听从教师组织安排，遵循游戏的规则，安全有序地进行游戏教学与练习。

（四）比赛教学与练习

在轮滑课中使用比赛教学法，可以激发学生的竞争意识，增强团队的凝聚力，使其积极主动练习，身心得到健康发展。在采用比赛教学与练习的过程中，高强度、对抗性、竞争性使学生在比赛中充分运用技战术的配合，提高注意力，最大化激发学生自身的运动潜能，以此来提升轮滑教学的质量，培养学生勇敢、顽强的拼搏精神和团队合作意识，提高自我评价、鉴赏运动美的能力。

　　温馨提示　必须遵循比赛规则，保证学生的人身安全。根据具体情况划分比赛小组，进行公平、激烈、有趣的比赛教学。实战比赛练习法与传统的被动练习法区别在于积极主动与被动消极的思想与行为，方法转换的同时也提高了教学效率与质量。

第七章
休闲轮滑运动训练

第一节　休闲轮滑技术训练

一、基本动作练习

（一）原地踏步练习

做左右移动重心的抬脚踏步练习。

1. 动作要领

在保持轮滑基本蹲姿的条件下，两脚与肩同宽，双脚交替向上抬起、落下，高度抬至脚面上方即可（身体重心移至支撑腿上，抬起另一侧腿，抬腿不要抬上体，以此保持身体重心的平稳）。

正确抬脚状态：抬起脚时需要四轮保持水平状态，如图 7.1.1 所示。

（a）　　　　　　　　　　　　　　　　　（b）

图 7.1.1　正确动作

（a）抬左脚；（b）抬右脚

错误抬脚状态：浮腿小腿上抬，并与大腿靠拢，如图 7.1.2 所示。

（a）　　　　　　　　　　　（b）

图 7.1.2　错误动作

（a）左小腿后撩；（b）右小腿后撩

2. 常见问题

（1）抬脚时重心不稳，身体容易上下弹动。当抬脚时学生会将膝盖伸直，从而导致身体重心的蹲屈角度发生上下起浮的变化。

（2）上体左右晃动，身体重心不稳定。其主要原因是学生的脚踝、腿部力量不足，以及学生的平衡能力欠缺、心理恐慌导致的。

3. 解决方法

（1）问题（1）：按住练习者的双肩或者在练习者的背部放个小的速桩，保持练习者身体高度的稳定性以及双膝的弯曲幅度，防止其由于发力抬脚而导致的身体重心上移。

（2）问题（2）：教师从练习者的身后扶住其腰、髋部，帮助其稳定重心；应针对性加强腿部力量的练习，如采用蛙跳、台阶跳或深蹲起、屈膝走、轮滑蹲姿倒退走等方法来练习；采用提踵立、双摇跳绳等方法，加强脚踝、腿部小肌肉群力量的练习，增强脚踝肌的控制力。

> **温馨提示**　在保持身体重心的稳定后，平行抬脚与抬腿，往腹部收靠，抬腿不要抬上体；随着脚踝力量的增强，把平抬腿变换成后抬腿（小腿向后伸脚自然下垂）。

（二）原地蹲起练习

开始可先半蹲，再逐渐加大下蹲的幅度，最后可做深蹲。

1. 动作要领

两脚开立，与肩同宽；膝关节弯曲的角度为双膝微屈、双手手指尖触及自己双脚的脚尖；重心在 2 轮与 3 轮之间。原地蹲起练习如图 7.1.3 所示。

（a）　　　　　　　　　（b）　　　　　　　　　（c）

图 7.1.3　原地蹲起练习

（a）轮滑蹲姿；（b）屈膝下蹲；（c）还原轮滑蹲姿

2. 常见问题

（1）手指尖触脚尖时，膝关节不弯曲，导致重心偏前摔倒。

（2）身体下蹲时，重心偏后，向后摔倒。

3. 解决方法

（1）问题（1）：屈膝下蹲的同时，头自然抬起看前方 1～2 m 处，旁边同学辅助轻轻按压练习者的背部，保持水平。

（2）问题（2）：双腿下蹲时，膝关节与脚尖垂直，背部保持水平状态。身体重心落在 2 轮与 3 轮上（如果五轮速滑鞋重心在 2、3、4 轮上）。

> **温馨提示**　身体重心保持水平，屈膝下蹲。

（三）横向移动重心练习

在原地抬脚练习的基础上，做向左或向右移动重心的练习，如图 7.1.4 所示。

图 7.1.4　右移重心

1. 动作要领

两脚的间距为 60~80 cm，两脚尖方向保持正前方，重心落于一侧，腿屈膝，全脚掌着地；另一侧腿向侧方蹬伸的同时移动身体重心，使用侧蹬腿，轮子的内侧刃轮着地；重心平移交替，上体保持水平。侧蹬腿偏前、偏后都会导致身体重心不完全在支撑腿上，如图 7.1.5 所示。

图 7.1.5　左移重心（错误动作三点不一线）

2. 常见问题

（1）臀部过于后坐，上体无法成水平姿势，重心不稳。

（2）侧蹬腿与支撑腿不在同一个水平面，侧蹬腿的位置滞后。

3. 解决方法

（1）问题（1）：双手指触及屈膝腿的脚尖，强迫上体下沉，重心平稳移动。

（2）问题（2）：两腿平行分开，支撑腿和侧蹬腿成平行姿势，发力点由臀部传递到脚踝向侧推动。

> **温馨提示**　身体重心平移，切不可只进行上体的左右摆动。

（四）原地两脚交替前后滑动练习

站立姿势，前后小幅滑动，并逐渐加大幅度；由站姿过渡到双腿屈膝下蹲姿势来做练习（幅度由小到大，步频由慢到快）。

1. 动作要领

从站立姿势开始，两脚平行，呈中轮刃支撑状态，身体重心适中，一只脚向前的同时，另一只脚向后，使双脚下的轮子来回地滚动，形成由两脚交替前后"滑动"感觉的技术动作。在完成动作的过程中，双臂随腿部前后滑动自然协调地摆动，两脚在滑动时要始终保持前后的平衡关系。前后的滑动步幅要适中，身体重心始终保持在两脚中间。两脚交替前后滑动如图 7.1.6、图 7.1.7 所示。

图 7.1.6　左后、右前滑动　　　　　图 7.1.7　左前、右后滑动

2. 常见问题

（1）双脚支撑时打开间距的宽度过宽，导致脚踝内扣，轮子的内刃轮支撑，前后滑动的轨迹不正确。

（2）两脚开合间距过窄，导致轮子外刃支撑，破坏身体重心的平衡，使之不能进行前后滑动。

3. 解决方法

（1）问题（1）：两脚平行站立，与肩同宽，用中刃支撑，前后滑动，滑动的距离由小到大，速度由慢到快。

（2）问题（2）：两脚平行站立，两脚之间开合有一只脚的间距，双腿进行向前推、向后拉滑动。

温馨提示　①加大膝关节的前屈角度锁住脚踝，力量作用在脚下的中间 2 轮与 3 轮上，避免脚踝外倒或内扣。

②在各种练习当中应努力使支撑腿直立，控制其稳定性，同时在移动重心练习时，保持重心的平稳，避免因上下起伏和身体摇摆破坏身体平衡而导致摔倒。

（五）原地摆臂练习

1. 动作要领

身体采用双腿屈膝下蹲姿势，头自然抬起看前方 1～2 m 处，两手臂自然下垂到体侧，摆动时微屈肘，一手臂经体侧摆向体前，手部虎口对着鼻子方向，后摆手臂微微高于肩膀，如图 7.1.8、图 7.1.9 所示。

2. 常见问题

（1）摆臂容易出现横向性，动作不协调。

（2）斜向摆臂过大，导致双肩晃动，破坏重心的稳定性。

3. 解决方法

双肩锁住，双臂自然弯曲，前摆不过肩，后摆不过头。

图 7.1.8　左前、右后双摆臂　　　　图 7.1.9　左后、右前双摆臂

二、滑行动作技术练习

（一）直线滑行

1. "八字" 行走

1) 动作要领

双脚站立呈八字形，交替向前迈出行走。

2) 常见问题

步幅过大，重心不稳，频繁摔倒。

3) 解决方法

步幅由小开始行走，能够控制重心稳定后，再逐渐加大步幅。

2. 支撑

支撑包含双腿支撑与单腿支撑。

1) 动作要领

双脚交替行走产生向前滑进的速度，迈出腿收回落地进行双腿支撑滑行。

如果侧蹬腿蹬地后收回呈浮腿，后引不回落着地，支撑腿为单腿支撑滑行。

2）常见问题

支撑腿是内侧轮刃着地支撑，导致摔倒与无法进行支撑，只能行走。

3）解决方法

多练习双腿的平衡支撑，体会系紧轮滑鞋扣帕，使用中刃轮支撑的脚感，再练习感受单腿的中刃轮支撑。

温馨提示　先在原地练习双腿支撑与单腿支撑再过渡到行进间的支撑练习。

3. 自由滑行

1）动作要领

单（左、右）腿支撑重心，单（右、左）腿蹬地回收摆腿着地支撑，同时（右、左）摆臂配合滑行。

2）常见问题

动作脱节，全身配合不协调。

3）解决方法

原地练习膝关节蹲屈与伸直及摆臂，达到上下肢的协调配合；在行进间滑行时，也可选择先把手臂放到腰后部，等脚下滑行自如时再与手臂的摆动相配合。

温馨提示　初学者练习时需幅度小、节奏慢开始滑行。切记不可操之过急，否则会因滑行步幅过大，使身体重心无法移向前进腿。

（二）转弯滑行

1. 侧推式转弯

1）动作要领

在直线滑行即将进入转弯状态时，身体重心经由双侧腿支撑移向靠近半圆轨迹的内侧腿，使用轮子的外刃支撑，外侧腿在支撑腿的侧后位（前、后应以半脚的间隔距离最佳），连续使用内侧轮刃侧向蹬地、收腿回落靠近支撑腿内侧位，重复此动作直至转弯结束，如图 7.1.10 所示。

2）常见问题

身体重心偏向外侧蹬地腿，无法运用靠近圆的腿进行支撑。

3）解决方法

手扶物体，身体重心向内侧倾倒，体会外刃支撑，外侧腿的内刃属于蹬地腿。

温馨提示　蹬地腿需侧向推、蹬、回收腿。切记不可向后推蹬，否则会导致外侧腿无法收回靠拢支撑腿从而进行有效的侧推式转弯。

图 7.1.10

（a）双脚支撑；（b）重心移向左腿；（c）右腿侧推；（e）收右腿；

（f）右腿再次侧推；（g）完成侧推式转弯

2. 平行式转弯

1）动作要领

首先由双腿支撑控制身体重心的稳定性，在即将进入左（右）转弯的时刻，重心即刻移向左（右）侧腿来支撑重心保持身体的平衡（支撑重心腿的脚需保持外刃轮支撑），右（左）侧腿为蹬地腿需要使用内侧轮刃蹬动地面产生转向的加速度后，与内侧支撑腿呈平行式支撑转弯，如图 7.1.11 所示。

2）常见问题

双脚内"八字"字站立，无法正常转向自己需要转的方向。

3）解决方法

先原地练习刃的变化，行进间练习时需要在加快速度后，转向腿正确使用中刃轮或外中刃轮作为转弯支撑腿，另一侧腿使用中刃轮或者内刃轮支撑转弯。

（a）　　　　　　　　　　　　（b）　　　　　　　　　　　　（c）

图 7.1.11　平行式转弯

（a）平行支撑；（b）左脚外刃右脚内刃支撑；（c）完成平行式转弯

> **温馨提示**　转弯的速度是由身体向转弯方向倾斜的角度大小及身体重心蹲屈的幅度高低来决定的。

第二节　休闲轮滑体能训练

体育教学中的重点内容之一就是要加强学生的体能训练，从而来提高学生的体育能力和身体素质。但是，目前在很多高校中并不重视体能训练的培训，很多教师对体能训练没有形成正确的认识，也没有掌握有效的体能训练方法，严重制约了大学生体能的增强，降低了学生的身体素质。因此，如何在体育课程中开展体能训练成了教师们研究的重点内容。

体能训练是指在进行体育教学或者日常运动训练中，通过运用各种教学手段或者训练方法，实现改善运动者的身体形态，提高身体各项体征机能水平，增进运动者健康指数以及发展运动素质的一种教育过程。拥有良好的体能才是一个人真正健康的表现，因此运动者要加强体能锻炼，从而提高身体素质。体能训练的作用主要表现在能够促进人体各项机能的提高。例如，速度、力量、耐力、协调、柔韧、灵敏等及综合运动素质表现出来的人体基本的运动能力，是运动者竞技能力的重要构成因素。体能训练通常是通过对人体各部分的器官、躯干以及组织进行协调、平衡活动来提高健康水平。另外，在高校体育教学中，要充分将体能训练与技术训练进行有效融合，不能只凭兴趣偏好来进行体育锻炼，这样很容易造成训练失衡，达不到全面训练的目的。在体育教学中，体能与体育运动有着直接的联系。行走、跑步、跳跃、滑行、打球等都可以使身体获得锻炼，然而要想进一步提高体育教学质量，就必须在对学生的体质和运动技能进行训练的同时，加强有效的专项体能训练，重视实践环节的教学，从根本上改善学生自身的体能及身体素质。

陆地身体素质包括 5 个方面的素质：

（1）耐力素质是指人体长时间进行肌肉活动和抵抗疲劳的能力。

（2）力量素质是身体某些肌肉收缩时所产生的力量。

（3）速度素质是人体在单位时间内移动的距离或对外界刺激反应快慢的一种能力。

（4）柔韧素质指人体活动时各关节肌肉和韧带的弹性或伸展度。

（5）灵敏素质是指迅速改变体位、转换动作和随机应变的能力。

一、耐力素质

耐力素质是指人体在长时间进行工作或运动中克服疲劳的能力，也是反映人体健康水平或体质强弱的一个重要标志。人体耐力主要包括有氧耐力和无氧耐力。

有氧耐力是指长时间进行有氧供能的工作能力。多采用长跑、长距离游泳等方法进行训练；负荷强度为最大负荷强度的 75%~85%，心率为 140~170 次/min；时间最少 5 min，一般在 15 min 以上；每周锻炼 1~3 次。

无氧耐力是指缺氧状态下，长时间对肌肉收缩供能的工作能力。常采用短时间、最大用力和短暂休息的重复运动的方法进行训练，如快速的间歇跑、重复跑、400 m 跑、对抗性球类比赛等。

二、力量素质

力量素质是绝大多数运动形式的基础，可表现为最大肌力、相对肌力、肌肉爆发力和肌肉耐力等几种形式。影响肌肉力量的生物学因素很多，主要有以下几方面：肌纤维的生理横断面积；肌纤维类型和运动单位及参与活动的肌纤维数量；神经系统的调节机能；肌纤维收缩前的初长度；肌肉的能量供应；年龄、性别及体重。

（一）最大力量训练

最大力量是指人体或人体某一部分肌肉工作时克服最大内外阻力的能力，亦是指参与工作的肌群或一块肌肉在克服最大内外阻力时，所能动员出的全部肌纤维中最多数量的肌纤维发挥的最大能力。最大力量在 20~25 岁达到最大值。主要训练方法如下：

（1）静力性练习法。负荷强度为 90% 以上，每次持续时间 3~6 s，练习 4 次，每次间歇 3~4 min。

（2）重复练习法。负荷强度为 75%~90%，每项训练中完成的组数为 3~8 组，每组重复 3~6 次，组间间歇 3 min。

（3）最大限度短促用力练习法。90%~100% 的负荷强度，用最快速度练习 1~2 次，重复 2~3 组，组间间歇 3~5 min。

（二）速度力量训练

速度力量也叫快速力量，是指人体在运动时以最短的时间发挥出肌肉力量的能力，也可指运动员在特定的负荷条件下所表现出的最大动作速度。轻重量或中重量等的负荷跳跃（蹲屈的速度需缓慢 – 快速蹲伸）、运用皮筋练习摆臂的速度（前拉伸动作准备 –

快速向后摆动）、起跑中的牵引起动等都是速度力量的突出表现。其训练方法包括：沙地坡度跑、上下坡道跑、跑楼梯（正向、侧向、斜向、交叉）等；利用同伴的各种助力做加速跑、牵引跑、各种准备姿势的听信号起动跑等；用最大速度进行蛙跳、原地纵跳、跳栏架等练习。

（三）力量耐力训练

力量耐力是指人在克服一定外部阻力时，能坚持尽可能长的时间或重复尽可能多的次数的能力，也就是无论运动员在静力或动力性工作中，能长时间保持肌肉紧张用力而不降低工作效果的能力。力量耐力水平取决于多种因素，主要是发展肌肉有氧代谢能力，改善血液循环和呼吸系统的机能。主要训练方法如下：

（1）循环练习法。将对应人体不同肌肉群训练的 6 ~ 10 个练习按一定顺序排列，练习者连续依次完成各项规定的练习，短时间间歇后，再做下一组，可做 3 ~ 5 组。

（2）持续练习法。采用 50% ~ 75% 强度进行重复练习，每组 20 ~ 25 次，重复 1 ~ 3 组，组间间歇 1 ~ 2 min。

（3）负荷强度较低的静力性练习。以较小强度练习，单个动作持续 10 ~ 30 s，组间间歇要在未完全恢复的情况下进行下一组练习以达到疲劳积累，提高力量耐力训练效果。

三、速度素质

速度素质是指人体快速运动的能力，通常分为紧密联系的反应速度、动作速度和位移速度 3 种形式。

（一）反应速度

反应速度是指人体对各种信号刺激的快速应答能力，最常见的方法是利用各种声、光等突发信号让学生快速做出相应的反应动作，以提高其神经系统反射弧的接通机能水平。

（二）动作速度

动作速度是指人体完成某一动作的快速能力。提高动作速度的锻炼方法如下：

（1）减小练习难度，加助力法，如牵引助力跑步或游泳、顺风跑、下坡跑、顺水游、上肢力量使用推、掷重量较轻器械练习等。

（2）加大练习难度，发挥后效作用法，如负重跳或推、掷重量较重的器械练习后，紧接着做跳跃或推、掷标准器械的练习。

（3）时限法。按预定的频率完成动作，以改变练习者的动作频率和速度。

（三）位移速度

位移速度是指在做周期性动作时，单位时间内提高人体快速移动的能力。提高动作速度是提高位移速度的基础，并与四肢肌肉的爆发力密切相关。通常采用下列方法进行训练：

（1）快速跑，如短距离用最快速度重复跑、间隔距离站位进行追逐游戏、短距离游泳、速滑等。

（2）加速动作频率的练习，如快频率小步跑、快速摆臂练习等。

（3）发展下肢的爆发力，如负重跳、单脚跳、跨步跳等。

发展速度素质，一般采用强度大、持续时间短的练习，应在精力充沛、运动欲望强的情况下交替进行各种练习。在疲劳时或只用单一的练习方法，易形成速度障碍，不能收到良好的效果。同时，发展速度素质要与发展力量、速度耐力和柔韧性素质结合起来，注意提高肌肉的放松能力。

四、柔韧素质

柔韧素质从其外部运动状态的表现看可分为动力性柔韧性和静力性柔韧性。

动力性柔韧性是指肌肉、肌腱、韧带根据动力性技术动作需要，拉伸到解剖学允许的最大限度能力，随即利用强有力的弹性回缩力来完成所要完成的动作。所有爆发力前的拉伸运动均属于动力性柔韧性。

静力性柔韧性是指肌肉、肌腱、韧带根据静力性技术动作的需要，拉伸到动作所需要的位置角度，控制其停留一定时间后，所表现出的静力性柔韧能力。例如，轮滑中的控腿、俯卧平衡动作、"桥"、劈叉及体前屈的姿势等就是这种能力的体现。

（一）柔韧素质练习的方法

1. 主动或被动的静力拉伸方法

主动或被动的静力拉伸方法是缓慢将肌肉、肌腱、韧带拉伸到一定酸、胀、痛的感觉位置并略有超过，并停留一定时间的练习方法。这种方法可减少或消除超过关节伸展能力的危险性，防止拉伤，且由于拉伸缓慢不会激发牵张反射。一般要求在酸、胀、痛的位置停留 20~30 s，重复 6~8 次。

2. 主动或被动的动力性拉伸方法

主动或被动的动力性拉伸方法是有节奏的、速度较快的、幅度逐渐加大的多次重复一个动作的拉伸方法。在运用该方法时用力不宜过猛，幅度一定要由小到大，即先做几次小幅度的预备拉伸，然后加大幅度，从而避免拉伤。每个练习重复 5~10 次（重复次数可根据技术需要而增加）。

主动的动力性拉伸方法是靠自己的力量拉伸，而被动的动力性拉伸方法是靠同伴的帮助或借助外力的拉伸，但外力应与运动员被拉伸的可能伸展能力相适应。上述方法可单独采用亦可混合运用，练习时间根据需要确定。

（二）发展柔韧素质可采用的手段

（1）利用器械的练习，如利用肋木、平衡木、把杆、单杠、双杠等。

（2）利用轻器械的练习，如利用木棍、绳、橡皮筋等。

（3）利用外部的阻力练习，如同伴的助力、负重、墙体等。

（4）利用自身所给的助力或自身体重的练习，如压腿时双手用力压同时上体前压振以及在单杠上做悬垂等。

（5）练习各关节柔韧性所采用的动作，如压、踢、摆、搬、劈、绕环、前屈、后仰、吊、转等。

五、灵敏素质

灵敏素质是指人体在各种突然变换的条件下，快速、协调、敏捷、准确地完成动作的能力。它是人的运动技能、神经反应和各种身体素质的综合表现。灵敏素质之所以是运动技能、神经反应和各种素质的综合表现，是因为各专项的每一个动作都不同程度地体现了力量、速度、耐力、柔韧等素质。通过力量（特别是爆发力量），控制身体的加速或减速；通过速度（特别是爆发速度），控制身体移动、躲闪、变换方向的快慢；通过柔韧保证力量、速度的发挥；通过耐力保证持久的工作能力。

（一）灵敏素质练习的主要手段

（1）在跑、跳中做迅速改变方向的各种跑、躲闪、突然起动以及各种快速急停和迅速转体练习等。

（2）做各种调整身体方位的练习（方位的变换可选正前方、侧前方、正后方、侧后方、横向与纵向等；动作幅度由小到大，由低到高）。

（3）做专门设计的各种复杂多变的练习。例如，用"之字跑""躲闪跑""穿梭跑"和"立式俯卧撑"4项组成的综合性练习。

（4）以非常规姿势完成的练习，如侧向跳、倒退跳、Z字跳远、触膝跳等（先进行双脚练习；再进行单脚左侧与右侧交替练习）。

（5）限制完成动作的空间练习，如在缩小的球类运动场地进行练习。

（6）改变完成动作的速度或速率的练习，如变换动作频率或逐步增加动作的频率。

（7）做各种变换方向的追逐性游戏和对各种信号做出应答反应的游戏等。

（二）发展灵敏素质的具体方法

发展灵敏素质须从专项特点出发，重点发展综合反应、平衡协调等能力，具体方法如下：

（1）按口令做相反的动作。例如，左交叉跑→右交叉跑；左交叉跳→右交叉跳；向前加速跑→向后加速跑。

（2）按有效口令做动作。例如，动协（轮滑蹲屈姿势，左右腿交替侧蹬、收回；侧蹬左腿时左臂前摆、右臂后摆；侧蹬右腿时右臂前摆、左臂后摆）；蹲屈开合跳、使用障碍桩。

（3）原地、行进间或跑步中听口令做动作。例如：喊数、抱团成组；加、减、乘、除简单运算的数抱团组合，看谁最快等。

（4）一对一追逐模仿（设定在5 m直径的圆内，选定一组6个动作，做完之前后者没有追到就为获胜；反之没有完成一组动作之前被后者追到，后者获胜）。

第八章
速度轮滑运动教学

第一节　速度轮滑的基本技术

一、直道技术

（一）基本蹲姿站立

动作要领：上体前倾，双臂微屈的同时双手放置于后腰部，双腿屈膝，两脚平行分开与肩同宽（眼睛看前方 2 ~ 5 m 处，头部不可仰起过高，以免破坏身体的稳定性），身体重心在 2 轮与 3 轮上。基本蹲姿站立如图 8.1.1 所示。

（a）　　　　　　　　　　　　　　　　（b）

图 8.1.1　基本蹲姿站立

（a）正面；（b）侧面

> **温馨提示**　上体需保持水平，不可使臀部翘起或呈坐立姿式。

（二）原地踏步

动作要领：在保持轮滑基本蹲姿的条件下，两脚与肩同宽，双腿交替向上抬起、落下，高度抬至脚面上方即可。

> **温馨提示**　中刃轮需水平抬起、水平回落，抬腿不可抬起上体（上体需始终保持平稳）。

（三）向前走步

动作要领：保持轮滑的基本蹲姿，两脚呈八字形，交替向前半步地行走。身体重心由支撑腿移至行走腿。

> **温馨提示**　步幅不宜过大，上体需要始终保持平稳的蹲姿。

（四）原地移动重心

动作要领：在保持轮滑技术动作基本蹲姿的情况下，一条腿支撑重心（脚尖、膝关节、鼻尖成一线），另一条腿做侧蹬时，同时使用轮子的内侧着地。身体的重心由支撑腿移向侧蹬腿，侧蹬腿变为支撑腿而支撑腿变为侧蹬腿。原地移动重心如图8.1.2所示。

（a）　　　　　　　　　　（b）　　　　　　　　　　（c）

（d）　　　　　　　　　　　　（e）

图 8.1.2　原地移动重心

（a）支撑；（b）臀部移动；（c）移动重心；（d）向左侧移动重心加摆臂；（e）向右侧移动重心加摆臂

（五）双蹬双滑

动作要领：保持轮滑的基本蹲姿，两脚成 V 字形，双脚同时用双轮的内侧用力蹬地，在双脚向斜前方滑进的同时，脚尖内收转为平行支撑。双蹬双滑如图 8.1.3 所示。

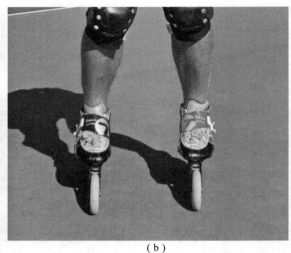

（a）　　　　　　　　　　　　　　（b）

图 8.1.3　双蹬双滑

（a）双蹬；（b）双滑

（六）单蹬双滑

动作要领：保持轮滑的基本蹲姿，一条腿支撑重心，另一条腿用轮子的内刃侧向蹬地并迅速收回落地，双脚保持平衡支撑，反复做一侧腿的蹬地、收回、落地支撑动作。单蹬双滑如图 8.1.4 所示。

（七）单蹬单滑

动作要领：保持轮滑基本蹲姿，一条腿支撑重心，另一条腿用轮子的内刃侧向蹬地滑行并迅速回收落地变为支撑腿，同时原支撑腿侧向蹬地后引靠拢支撑腿。双腿反复交替做单腿蹬、单腿支撑滑的动作。单蹬单滑如图 8.1.5 所示。

（a）　　　　　　　　　　　　（b）

图 8.1.4　单蹬双滑

（a）单蹬；（b）双滑

（a）　　　　　　　　　　　　（b）

图 8.1.5　单蹬单滑

（a）单蹬；（b）单滑

温馨提示　体会滑行中轮子的内刃轮、中刃轮、外刃轮的交替。

（八）平衡支撑

动作要领：通过助滑加速起动后，双脚交替落地与肩同宽，支撑为平衡支撑；助滑起速后，一侧单脚落地支撑，另一侧腿靠拢支撑腿为单脚平衡支撑。练习者在滑行期间应保持平衡的稳定性。

> **温馨提示** 使用轮子中刃支撑，上体保持水平状态，避免左右晃动破坏身体平衡的稳定性。

二、弯道技术

（一）基本要点

动作要领：弯道滑跑不同于直道滑跑。将直道滑跑的直线运动转变为圆周运动的滑跑方式称为弯道滑跑。二者滑跑姿势的基本要点是完全相同的，但弯道滑跑在圆周运动时需要克服离心力，身体滑跑姿势必须采取向左倾斜姿势，低于直道滑行蹲屈角度的动作，即头、肩、上体、臀部、支撑腿均应处于同一倾斜面上。此时，上体纵轴与切线相吻合，双肩位于半径的延长线上，左脚外刃轮、右脚内刃轮沿切线方向滑进。想提高弯道滑跑速度和蹬地效果，就应以头部和肩部的高度调节身体重心纵向位置。当身体重心位于轮鞋的后部2/3时，转弯自如，动作流畅，同时减少阻力，使蹬地动作产生更大的推进力，并有利于保持弯道滑跑流线型姿势。

> **温馨提示** 上体要前倾至几乎与地面平行；放松团身成弓形背，同时膝部深屈至110°~120°，降低重心，力求缩小身体正面的横截面积；踝关节深屈至60°~70°，确保重心的稳定性。

（二）弯道侧向并步走

动作要领：保持弯道滑跑蹲姿，以左腿为支撑腿、右腿为侧向蹬动腿蹬动重心向左移动后，左腿离地收腿，轮落地。同时，右侧蹬动腿蹬动结束，回收并靠拢左支撑腿，接着是又一次蹬地动作的开始，连续重复做此动作。

> **温馨提示** 辨别内、外刃轮的使用，向左侧并步身体重心始终停留在左侧（左脚外、中刃轮，右脚内刃轮），反之同样的道理。

（三）向左交叉走步

动作要领：保持弯道滑跑蹲姿。首先，将身体重心移压于左腿之上，接着左脚向外倒踝，将右膝向左肩方向抬离地面，当右脚越过左脚后，用正刃支撑靠左脚外侧着地，并承接身体重心，呈右腿在前、左腿在后的交叉步姿势；然后，左脚以大腿带动抬离地面收回，再在右脚内侧着地，身体重心位于两脚之间，两脚均呈正轮刃相平衡的姿势。按此要领连续向左完成交叉走步。反之右交叉走步，方向相反，要领相同。向左交叉走步如图8.1.6所示。

（a）

（b）

（c）

图8.1.6　向左交叉走步

（a）左腿支撑，右腿侧蹬；（b）右腿越过成交叉步（侧面）；（c）正面（交叉步）

> **温馨提示**　支撑腿的轮由中刃轮支撑过渡到外刃轮，蹬动腿的轮由内刃轮蹬地抬起跨越支撑腿使用中刃轮着地回落，变内刃轮支撑。

（四）右腿连续单次蹬地

动作要领：采用轮滑基本滑姿开始，首先右腿向右侧后方蹬出，然后收回呈双腿并拢向左倾斜，连续完成动作就形成了向左沿圆周滑进的状态。随着滑进速度的加快，右腿的蹬地方向要逐渐减小向后的程度，变成向正右侧方蹬地。身体重心的处理方式是，右腿做向右侧方蹬地，身体重心向左倾斜，用左腿中外刃轮支撑重心，右腿内侧滑轮在左脚的侧方蹬地不离地面，同时右脚前轮带动右腿滑向左脚内侧轮，还原双脚支撑重心动作。双脚均不抬离地面沿着圆的圆周连续做蹬地收回的动作。右腿连续单次蹬地如图8.1.7所示。

> **温馨提示**　支撑腿的轮子始终不离开地面，右蹬动腿侧蹬后脚尖内收，积极向左支撑腿滑动靠拢。

（五）连续交叉压步

动作要领：保持轮滑基本姿势，右腿向右侧蹬地，右脚抬离地面，右腿以大腿领先向左提拉，同时左腿向右侧方蹬。右腿提拉至腹下完成跨越左腿交叉，回落左脚的外侧轮支撑身体重心，此时左腿由支撑腿变为向右侧蹬腿，形成左交叉步状态。当右脚中轮过渡内轮支撑身体重心的同时，左腿完成侧蹬动作，左脚由后回收；外轮放在右脚内轮左前侧，身体重心由右腿移到左腿上，呈左倾斜支撑姿势，此动作循环完成。连续交叉压步如图8.1.8所示。

（a）　　　　　　　　（b）　　　　　　　　（c）

图 8.1.7　右腿连续单次蹬地

（a）右腿蹬；（b）右腿收；（c）右腿蹬

图 8.1.8　连续交叉压步

（a）重心移向左腿；（b）收右腿；（c）右腿越过左脚；（d）右脚着地支撑成交叉步

温馨提示　保持蹲姿，抬腿不抬上体，外侧腿跨越支撑腿时，需果断不可空中停留时间过长，以免破坏重心的稳定性。在左交叉步时，左脚始终外刃、右脚始终内刃，避免出现倒踝关节反支撑。

三、停止法

轮滑运动者停止动作教学先由最简单的停止法学起。使双脚呈"倒八字"形就可以减速停止。不论穿哪一款轮滑鞋，最简单的停止方法就是通过降低身体重心，由内刃轮与地面的摩擦减速而停止。

（一）T 字形停止法

动作要领：在滑行中将双臂侧伸，目视前方，做双脚呈 T 字形。身体重心移至滑进的前腿上，支撑重心向前滑进，浮腿需放置在支撑脚的后面呈 T 字形动作。后脚用内刃轮与地面摩擦减速至停止为目的。T 字形停止法如图 8.1.9 所示。

图 8.1.9　T 字形停止法

温馨提示　前支撑腿呈弓步，浮腿后摆直接放置正后方且内刃着地；不可由右侧方向拖摆到后面，否则可能导致身体旋转而摔倒。

（二）倒八字形停止法

动作要领：在滑行中身体重心移向一侧腿，臀向后稍坐，双臂自然弯曲放在膝关节上方维持平衡，双脚均以内轮刃呈倒八字形在体前着地。倒八字形停止法如图 8.1.10 所示。

图 8.1.10　倒八字形停止法

温馨提示　支撑身体重心的脚不离开地面，而另一侧脚的脚跟打开的角度越大，停止的效果越好。

（三）蟹步旋转 T 字形停止法

动作要领：滑进中首先将两手臂自然侧向打开（或者双手放于腰部），目视前方，双脚尖向外打开站立，选择身体重心向左（右）蟹步旋转停止，左（右）脚应保持滑行；然后左（右）腿的膝关节旋转领先做外展动作，右（左）脚靠拢左（右）脚成 T 字形蹬地滑进，并使左（右）脚脚跟末端轮子与右（左）脚脚心轮子靠拢，成蟹步旋转 T 字形停止。蟹步旋转 T 字形停止法如图 8.1.11 所示。

（a）　　　　　　　　　　　　　（b）

（c）　　　　　　　　　　（d）　　　　　　　　　　（e）

图 8.1.11　蟹步旋转 T 字形停止法

（a）外八站立；（b）右脚蹬地向左转滑进；（c）蟹步滑进；

（d）旋转重心移向左腿；（e）收蹬动脚靠拢成 T 字形停止

（四）双脚急停法

动作要领：在滑行中，两腿并拢，两脚平行向左转体90°，左脚以轮子外侧着地，右脚用轮子内侧压紧地面，上体重心移向左侧前倾，臀部向后坐，身体重心下降，左脚稍前伸，右脚稍后旋转急停。双脚急停法如图8.1.12所示。

（a）　　　　　　　　　　　　　　（b）　　　　　　　　　　　　　　（c）

图8.1.12　双脚急停法

（a）双脚平行支撑；（b）左外轮右内轮向左转体；（c）屈膝控脚急停

第二节　速度轮滑技术的教学步骤

速度轮滑技术教学是一个复杂的过程，需遵循其运动技术特点形成的规律，根据运动者的自身因素等，合理、科学、系统地来安排运动者的教学内容与顺序，运用有效的教学方式方法进行技术教学。

一、课前准备

（1）学生的运动装备：运动服、运动鞋、轮滑鞋、护具、头盔。

（2）检查学生的安全保护用具佩戴是否齐全、佩戴的方法是否正确。

（3）学生或运动者自己检查使用的装备（鞋体、架子、穿钉）是否牢固。

（4）教师检查上课的场地是否有危险物品存在，消除隐患。

（5）课上需要的教具摆放到相应的位置，便于教学中使用。

二、速度轮滑教学顺序

（1）组织陆地准备热身活动及动作技术模仿教学。

（2）穿轮滑鞋站立、自我保护与停止方法的教学。

（3）原地动作技术、行进间滑行、转弯教学。

（4）滑行与停止、直道与弯道、起跑与冲刺等同步教学。

（5）集体与分组、传授与接受、纠错与改正、游戏与竞赛同步教学。

第三节　速度轮滑技术的教学手段与方法

一、初学者的教学

初学者的教学要以力求实效、缩短进程、提高教学质量为目的。教学中要善于调动初学者的积极性、主动性，消除恐惧心理，大胆、果断地练习。练习要力求创设情景形象、生动、活泼，使之乐学。同时，教学要突出重点，善于解决技术问题的关键性与难点。在速度轮滑教学中，平衡是基础，蹬地是核心，弯道是关键。教学中紧紧围绕这三大环节展开，其教学效果必然是事倍功半，从而达到教学的目的与任务。实践证明，采用以下教学方法，在两周左右时间就可以顺利完成直道和弯道的滑行技术。

（一）分解法

将完整的滑行动作分解成若干个简单的动作，有效掌握简单动作，再向完整的滑行过渡。

1. 轮滑的滑行姿势动作要领

上体前倾（双手指尖触及脚尖即可）、腿部蹲屈、重心落在两脚中间轮（脚心位置），逐渐延长轮滑基本滑姿（静蹲）的持续时间，15 s、30 s、45 s、60 s、120 s、180 s 进行反复练习，固定较低的滑行姿势。

2. 单脚支撑平衡动作要领

在滑行姿势的基础上，一腿后引，单脚承接体重，维持自身的身体平衡。双脚交替能够滑行时，助跑滑行起动速度完成，逐渐延长单脚支撑平衡的时间与滑进距离，1 m、3 m、5 m、……。支撑腿掌握平衡的关键在于身体重心控制在支撑轮的中部，鼻、膝、脚尖成三点一线，最初开始在陆地上模拟练习，然后过渡到穿轮滑鞋练习，左、右脚交替进行，反复强化练习。

3. 发力腿侧向蹬地动作要领

助滑加速后成滑行姿势，向前滑进中完成。两脚保持平行支撑进行交替侧蹬，蹬地支点保持在支撑轮中刃过渡到内刃。收腿时脚尖内扣，蹬动腿不离地面，大腿带动小腿回收、两脚靠拢平行支撑。在 60 m 的距离内反复练习，巩固规范的侧向蹬地的动力定型技术。首先在陆地进行技术模拟练习的基础上；然后过渡到穿轮滑鞋练习。

4. 移动重心动作要领

运用滑行姿势滑行过程中，两腿分开与肩宽，身体保持平行状态，上体平稳地左右移动重心。当移动至左、右两侧支撑时，鼻、膝、脚尖均应成三点一线。可在原地完成的基础上，体会发力点与支撑点，再通过助跑滑行中完成，在50 m的距离内反复练习，巩固规范的侧向蹬地的动力定型技术。先在陆地模拟练习，再过渡到穿轮滑鞋练习。动作移动的幅度由小到大，身体移动速度缓慢平移，侧蹬腿速度由慢到快。

（二）同步法

同步法是指直道动作技术与弯道动作技术应同步教学，也就是将直道、弯道的姿势、平衡、蹬地、摆腿、着地、摆臂等动作技术的教学内容、教学顺序、教学方法与手段均进行对应同步教学。同步教学能有效地在短时间内完成教学进程，促进动作技术的快速掌握。

（三）强化法

巩固提高阶段，遵循量变到质变的规律，增加运动量，提高强度和难度，促进质的飞跃，加速教学进程。

例如，巩固直道技术动作，进行直道各种难度大的平衡练习。通过障碍、跳跃障碍等练习，多次重复、反复强化，巩固和提高直道技术。

直道滑跳（小幅度滑跳过渡到大幅度滑跳）→分腿骑跨障碍滑行（横向宽度由窄到宽）→直线纵向跳跃障碍（障碍高度由低逐渐加高）。

弯道绕圆进行小幅度滑跳→双脚绕障碍S线滑行→向左右侧跳跃障碍（先双脚再过渡到单脚）。

滑跳练习、障碍滑行、跳跃障碍练习等，上述练习方法均应先原地再过渡到行进间，难度系数由小到大。

（四）重复法

对于较难掌握的动作技术，按照动作要领进行无限次的反复练习、反复纠正、反复强化，直至熟练掌握此动作技术。例如，在弯道教学中，左中刃或者外刃（右）腿支撑，右（左）腿内刃反复蹬地练习；在半径2~5 m的圆周上不断地、多次重复弯道支撑与蹬地练习，可促进练习者加快掌握弯道动作技术。

（五）游戏法

游戏法是以体育运动技术动作为基础，以游戏为形式，以增强学生体质为主要内容的体育活动。通过游戏巩固技术，培养兴趣，活跃气氛，增强学习的积极性、主动性，同时提高运动负荷，提高教学效果，为初学者掌握动作技术创造条件。例如，组织学生进行游戏教学——列车比赛、二人推车、比双脚支撑距离。

（六）比赛法

根据学习者的具体情况，组织教学比赛。选择竞争性强、趣味性强、有很强吸引力的教学比赛，提高心理素质，巩固动作技术，锤炼意志品质，激发学习者的求知欲与学习的积极性，提高教学质量，促进教学进程，达到初学者学习的目的。

以上教法中的练习，如果难度大不能够完成的技术动作，可在原地或者陆地进行。陆、轮转换结合，相辅相成，教与学一体化，以此来促进学生有效掌握轮滑动作技术。

二、速度轮滑技术教学

（一）滑跑动作技术的诱导性教学

诱导性练习是滑跑技术的基础，是专门的基本功练习，有助于滑跑技术的正确掌握。此方法会经常采用，且每次课的准备部分均可采用。

1. 滑跑姿势

动作要领：助跑加速，借助惯性向前滑进，双脚支撑，上体前倾，头部自然抬起看滑行前方 2~5 m 处，腿部屈膝下蹲，双膝、双脚开立与肩同宽，身体重心放于两脚之间，平稳地向前支撑滑行，直到减速停止为止，也可在同伴推动下完成。可反复进行练习。滑跑姿势如图 8.3.1 所示。

（a）　　　　　　　　　　　　　　　（b）

图 8.3.1　滑跑姿势

（a）正面姿势；（b）侧面姿势

> **温馨提示**　身体重心放于两脚之间的轮子（2 轮与 3 轮）上，上体保持平稳。

2. 单腿平衡

动作要领：助跑几步成滑跑姿势，然后将身体重心完全移到一腿上，大腿位于胸的正下方，鼻、膝、脚三点成一线，身体重心准确地通过支撑轮中间。浮腿后引成单腿平衡姿势，一直保持这种姿势到速度下降，滑行停止，再助跑反复练习。单腿平衡如图8.3.2 所示。

图 8.3.2 单腿平衡

（a）右腿单腿平衡；（b）左腿单腿平衡

温馨提示 重心回落到单脚中刃支撑，不可使用外刃或内刃，避免重心左右晃动。

3. 移动重心

动作要领：助跑几步成滑跑姿势，然后两脚迅速分开与肩同宽，保持平行滑行。此刻身体重心应完全移至一侧腿上，上体压住支撑腿，鼻、膝、脚三点成一线。待平稳后再向另一侧腿移动。找好支点自如灵活地向左、向右两侧移动重心。移动重心如图8.3.3 所示。

图 8.3.3 移动重心

（a）左移动（侧面）；（b）右移动（侧面）；（c）移动重心（正面）

> **温馨提示** 以臀部为发力点，传递到大腿、小腿、脚踝，身体进行平移重心，支撑点为三点一线。

4. 侧蹬收腿

动作要领：助跑几步成滑跑姿势，向前慢速滑行。身体重心移至一条腿上，另一条腿轮滑鞋内侧轮子着地向侧向推出。当蹬动腿伸直的刹那，借助地面的反弹力，屈膝放松，以大腿带动膝盖内转的动作，由侧位收向支撑腿后面位置中心面，再由后位前摆至前位着地支撑。两腿交替反复练习。侧蹬收腿如图8.3.4所示。

（a） （b）

图8.3.4 侧蹬收腿

（a）右腿侧蹬；（b）左腿撑，右腿浮

> **温馨提示** 侧蹬发力结束的瞬间，需及时收回侧蹬腿，避免身体重心不能完全移动到支撑腿。

5. 侧向蹬地

动作要领：助跑几步向前滑行。当蹬动腿变为浮腿积极靠拢支撑腿的侧后位时，身体失去平衡，此刻支撑腿向身体侧方用力蹬地，整个身体重心压在蹬动腿上，直至蹬地即将结束之时浮腿脚才着地。蹬地的自始至终，身体重心保持在蹬动腿上。此动作反复练习。侧向蹬地如图8.3.5所示。

> **温馨提示** 感受身体重心点、发力点、支撑点。

(a)　　　　　　　　　　　(b)　　　　　　　　　　　(c)

图 8.3.5　侧向蹬地

(a) 重心移向左腿（侧面）；(b) 重心移向左腿（正面）；(c) 右腿侧向蹬地

6. 交接体重

动作要领：从浮腿脚着地动作开始。此时浮腿脚虽已着地，但不承受身体重量，而是悬在地面之上，向重心投影点移动，此刻身体重量仍然集中在蹬动腿上，直至蹬地结束的瞬间，浮腿脚在重心投影点下准确地承接身体重量。练习者需要力求缩短承接身体重量的过程。此动作反复练习。交接体重如图 8.3.6 所示。

(a)　　　　　　　　　　　　　　　　(b)

图 8.3.6　交接体重

(a) 右支撑腿；(b) 左支撑腿

温馨提示　蹬动腿动作完成结束时，换成浮腿承接身体重量。

7. 直道动作协调性

动作要领：两臂与两腿协调配合动作。其配合的协调关系是在蹬地的同时摆臂，收腿的同时收臂，在蹬地结束时臂摆至最高点，在收腿结束时臂回落至下垂点。开始在慢速中练习，逐渐提高练习速度。直道动作协调性如图8.3.7所示。

（a）　　　　　　　　　　（b）　　　　　　　　　　（c）

（d）　　　　　　　　　　（e）　　　　　　　　　　（f）

图 8.3.7　直道动作协调性

（a）收腿收臂；（b）左腿支撑左臂向后摆；（c）左腿自由滑进，右臂屈肘前摆，左臂后摆；
（d）左腿侧蹬左臂屈肘前摆；（e）手臂继续摆动配合左腿收摆；（f）右腿自由滑进左臂屈肘前摆，右臂后摆

> **温馨提示**　可原地练习协调摆臂与蹬收腿的配合；左臂对应右腿，右臂对应左腿。

8. 倾斜姿势

动作要领：直线加速跑入小圆周。整个身体迅速向左倾斜，两膝、两脚并拢沿小圆周惯性滑进。头、肩、上体、臀部始终倾向圆周内侧，练习者应力求倾斜至最大限度。

当速度减小时再重新起速，反复练习。倾斜姿势如图 8.3.8 所示。

（a）　　　　　　　　　　（b）　　　　　　　　　　（c）

图 8.3.8　倾斜姿势

（a）重心向圆倾斜；（b）左倾斜（侧面）；（c）左倾斜（正面）

温馨提示　保持倾斜姿势，必须掌握内刃与外刃的使用。左倾斜运用左脚外刃与右脚内刃倾倒支撑；右倾斜运用右脚外刃与左脚内刃倾倒支撑。

---

9. 左腿倾斜支撑

动作要领：在小圆周上起速后，右腿用力向圆周外侧蹬地，左腿支撑身体，保持右腿蹬地结束时的身体倾斜度，维持好弯道动力平衡，向前惯性滑进。右腿反复用力蹬地，左腿反复倾斜支撑，随着速度的加快，左腿力求延长倾斜支撑滑行距离和时间。左腿倾斜支撑如图 8.3.9 所示。

图 8.3.9　左腿倾斜支撑

> **温馨提示**　右腿为侧蹬腿，左腿为支撑腿，身体重心保持平稳，不要上下起伏。

10. 右腿倾斜支撑

动作要领：在小圆周上起速后，左腿用力向圆周外侧蹬地，右腿支撑身体，保持左腿蹬地结束时的身体倾斜度，维持好弯道动力平衡，向前惯性滑进。左腿反复用力蹬地，右腿反复倾斜支撑。随着速度的加快，右腿力求延长倾斜支撑滑行距离和时间。

> **温馨提示**　左腿为侧蹬腿，右腿为支撑腿，身体重心保持稳定，抬腿不许抬上体，避免破坏重心的稳定性，以及导致上体上下起伏。

11. 交叉压步

动作要领：在小圆周滑行起速后，开始进入弯道滑行。当右腿蹬地抬离地面时，迅速屈膝，以大腿带动加速前摆与左膝靠拢，并从左脚上方越过，在左脚前方着地成交叉压步动作。当左脚蹬直右脚着地，同时迅速承接体重，进行反复练习。交叉压步如图8.3.10所示。

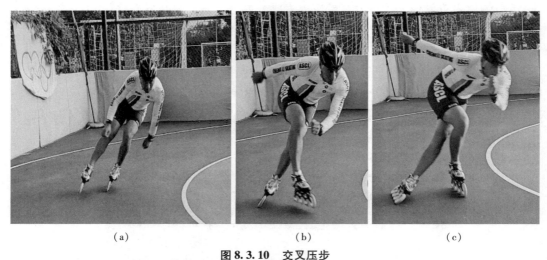

(a)　　　　　　　　　　(b)　　　　　　　　　　(c)

图8.3.10　交叉压步

（a）左脚支撑抬右脚；（b）右脚跨越左支撑脚；（c）跨越脚着地完成交叉

> **温馨提示**　左（右）脚外刃轮支撑，右（左）脚内刃轮支撑交叉，外侧腿跨越支撑腿，支点在腹下。

12. 左腿蹬地

动作要领：在小圆周滑行起速后，开始进入弯道滑行。当右腿蹬地结束开始收腿时，左腿蹬地开始，全部体重压在蹬动腿上，直至左腿快要伸直结束蹬地时，右腿（浮腿）才可着地，迅速承接体重。左腿蹬地的自始至终，体重不能转移，一直要集中地压在蹬动腿上。需要反复练习。左腿蹬地如图 8.3.11 所示。

（a）　　　　　　　　　　　　（b）　　　　　　　　　　　　（c）

图 8.3.11　左腿蹬地

（a）收右脚，左腿开始蹬地；（b）双脚交叉支撑；（c）重心移到右腿，左腿蹬地

> **温馨提示**　重心由左腿支撑过渡到右腿支撑，哪一侧脚靠近圆且在前就由哪条腿来支撑身体重心。

13. 右腿蹬地

动作要领：在小圆周滑行起速后，开始进入弯道滑行。当左腿蹬地结束开始收腿时，右腿蹬地开始，全部体重压在蹬动腿上，直至右腿快要伸直结束蹬地时，左腿（浮腿）才可着地，迅速承接体重。右腿蹬地的自始至终，体重不能转移，一直要集中地压在蹬动腿上。需要反复练习。右腿蹬地如图 8.3.12 所示。

（a）　　　　　　　　　　　　（b）　　　　　　　　　　　　（c）

图 8.3.12　右腿蹬地

（a）双脚交叉支撑；（b）收左腿，右腿蹬地；（c）左腿支撑，完成右腿蹬地

> **温馨提示**　右腿蹬地时是由中刃轮过渡到内刃轮，向侧方蹬。

14. 弯道动作协调性

动作要领：臂与腿的协调配合方法与直道相似，只是身体始终在向左侧倾斜的状态下完成。左臂紧贴上体，前后摆动，摆动幅度左臂相对较小，右臂摆动较大；双臂协调地摆动，配合蹬动腿的伸展用力动作，力求加速重心的前移，有效地增加蹬地力量。

> **温馨提示**　以肩为轴，外侧臂摆动较大，上臂带动前臂前后摆动，摆动的高度可略过肩；内侧臂摆动幅度较小。

（二）直道滑行双蹬技术教学

自 20 世纪 90 年代初由美国著名的两栖运动员查德·海德里克创造的直道双向蹬地技术问世以来，将速度轮滑运动的直线滑跑技术引领到一个新时代。由于该技术得到世界速度轮滑界的公认，因而双蹬技术滑行被世界各国的所有速度轮滑高手所掌握，运用双蹬的先进技术不断刷新了速度轮滑的世界纪录。

所谓"双蹬技术"，是指滑行者在直道上一个单步中完成两次蹬地的技术，用外沿向内进行收、蹬的动作，利用自身体重，以单脚支撑的技术动作运用轮的外刃向内做收、蹬的动作，使其滑行中灵活控制，在收蹬腿结束后，瞬间由平刃轮支撑，用轮的内刃向外侧蹬地，完成以双腿支撑侧蹬动作结束的直道滑行技术。按双蹬技术的动作结构可分为收蹬阶段、蹬地阶段、收摆腿阶段、下轮着地阶段、上下肢协调配合阶段 5 个动作阶段。

1. 收蹬阶段技术

双蹬技术的滑行收、蹬的阶段是在自由滑进阶段时，浮腿前摆着地点在重心投影点的外侧。将直道双蹬技术滑行姿势变得更加灵活。直道滑行双蹬技术的滑行基本姿势特点如下：

收蹬阶段浮腿动作，需协调配合收蹬动作以最短路线、快速收向中心面内，向支撑腿膝盖靠拢。双蹬技术重心左、右移动幅度较大，浮腿在维持平衡作用的同时，加快节奏、促进蹬地加速的作用。

收蹬阶段技术过程，浮腿的着地动作是关键技术，重点在浮腿着地后的位置与着地的方法上。双蹬技术的着地点是浮腿前摆着地点要在重心投影点的外侧，远离支撑腿。由此可见，它与传统技术浮脚着地点应在身体重心投影点的内侧，紧靠支撑脚并在支撑脚的左前方着地的技术正好相反。由此可见，双蹬技术难度大，而且着地动作不到位就要影响后面的动作质量。浮腿着地动作要自然、柔和、协调，直接用外刃轮着地支撑。

直道双蹬技术的滑行基本姿势特征：

（1）直道滑行的姿势偏高，稳定角偏小，身体向两侧倾倒重心的移动比较灵活。

（2）滑行的移动轨迹需要身体重心在纵轴上，双脚轮支点之间距离的大小随着蹬地结束而灵活变换（双蹬技术水平高的滑行者，身体重心位移距离稍宽于肩）。

（3）滑行时身体重心移动轨迹在横轴上，随着收蹬与侧蹬动作的交替，会有起伏现象。

（4）向外倒踝，主要体现在浮腿下轮着地的瞬间同时脚尖稍向内，轮的外刃着地支撑，完成向内收蹬的动作，即收蹬腿在前、浮腿后引的一种后交叉状态。

2. 蹬地阶段技术

双蹬阶段技术环节的关键在于"蹬"。由向内侧收蹬、瞬间轮变刃、侧向蹬地动作技术三部分组成双蹬技术中的蹬地动作。虽然连续的蹬地动作幅度不大，但是运用双蹬技术加快了滑行者滑行的速度。

1）收蹬阶段的动作

左（右）腿结束侧蹬时，右（左）腿迅速承接身体重量，并从位于身体重心点投影线偏外着地点做收蹬动作。重点是收蹬腿动作的起始点具有变量特点，那么浮腿下轮着地点与身体重心投影线之间的远近，会产生不同向内侧收蹬的力度、距离和效果。当浮腿下轮着地点在身体重心的内侧时，向内的收蹬腿动作基本没有，距离和效果等于零，这也是创造双蹬技术的原因，即将直线的滑跑技术引入一个新时代，打破传统单腿支撑阶段的弊端。

双蹬技术与传统技术的区别如下：

（1）区别表现在从浮腿下轮着地点开始就有。偏外侧时，收蹬腿的力度大、距离长，效果显著。但是，由于较大的动作幅度，对步频的加快有着不利影响，并且消耗体能也大，只有在加速阶段滑行者对双蹬技术掌握的非常娴熟时才使用。收蹬动作重合时，收蹬的力度、距离与效果都是中间值，而肌肉做功性质、高速或匀速滑行的保持力与滑行轨迹的直线性均优于前两者。

（2）收蹬腿阶段动作完成时，身体重心需要控制并严格保持略偏后，而膝部前屈的角度并不需要着重强调。收蹬腿时蹬地角的幅度与踝关节角度的幅度存在着连带关系，二者的角度大产生的垂直分力值也就大，滑行姿势会稍有抬起现象，因此更有助于滑行轮向前方滚动及时收蹬，是重要的技术环节。当收蹬腿技术动作结束时，脚尖指向已由略偏内变为稍偏外，形成收蹬腿在前、浮腿后引（侧方、后方），呈现双腿交叉的动力平衡状态，即结束收蹬腿阶段动作的姿势。

2）轮变刃的支撑瞬间

轮变刃的支撑瞬间是指速度轮滑的选手控制及利用自身体重和轮滑鞋的轮变刃支撑的一种特征，显示出滑行阶段技术技巧中不可忽视的环节。收蹬阶段技术动作结束后，浮腿收摆的轨迹向身体重心投影线回摆时，收蹬腿自然地经轮的外刃支撑转为轮的中刃支撑。这个一闪而过的轮变刃支撑瞬间过程，在滑行中的双蹬技术及动作结构上起到了有效衔接的作用。当脚尖指向由微小"内八字"形转为微小"外八字"形时，侧蹬的阶段就开始了。

3）侧蹬的阶段技术

在浮腿回摆到后位，支撑腿蹬地开始，支撑腿膝部深屈，重心加速向侧移动。这时，支撑腿用了其强有力的内沿蹬地技术动作，获取延长蹬地距离，提高蹬地的效果。

经过瞬间轮变刃支撑后，单脚支撑侧蹬的动作便开始了。浮腿此时已由身体重心投影线的内侧回摆越过了中心线，浮腿配合侧蹬腿动作积极向前侧方摆动，促使侧蹬腿快速进入最大用力阶段。此刻的侧蹬动作，要求滑行者要有极强的"前送蹬"意识，并有效地控制身体重心偏后，使轮子始终是向前滚动着以此来完成爆发性的侧蹬动作，尽量地以全轮同时离地，避免导致出现后蹬现象。

双蹬阶段技术滑行的动作因收蹬腿与侧蹬腿动作的连贯性很强，滑行速度需要脉动曲线处于平稳状态就要持续地蹬地，而"滚动中有蹬，蹬中有滚动"的特点在双蹬技术的滑行动作中充分证明了双蹬技术既增加了滑行的推进力，又节约了体能，让速度轮滑滑行者在直道上滑行也如同像在弯道上一样没有惯性地连贯流畅。

3. 收摆腿阶段技术

侧蹬腿蹬地动作结束后，快速抬离地面成为浮腿。浮腿的收腿是利用侧蹬腿动作的反弹力，在回落的过程中，以小腿带动大腿积极向收蹬腿的后侧方做收摆腿动作，整个浮腿越过身体重心投影线，并与收蹬腿形成后交叉状态。为了提高收蹬腿动作的实效，收腿动作需要放松而积极地与收蹬腿进行同步协调配合，使其产生的反向惯性力起到维持动力平衡的作用，又能让收蹬腿的动作因受到制约而停止。

当收蹬腿结束，也是侧蹬动作的开始。浮腿轨迹从后交叉状态向回摆动，在打开双腿后交叉状态的过程中，收蹬腿使外刃轮支撑变为瞬间轮的正刃支撑，接着变成内刃轮支撑。同时，浮腿以膝关节领先向身体重心投影线的前侧方加速摆动，并与侧蹬腿协调配合，直至向前侧摆腿到下轮着地为止。

如果收摆腿动作积极配合收蹬与侧蹬动作准确到位，可提高双蹬技术的动作效果，来维持稳定的动力平衡，促进身体重心的移动更加灵活自如。由此可见，该动作关键取决于收摆腿协调配合与收蹬腿和侧蹬腿的对应动作。

4. 下轮着地阶段技术

当浮腿从后交叉状态加速向前方回摆时，浮腿的轮子需要滑行者控制迟点触地，完成双蹬技术中下轮着地动作。同时，轮子要落在身体重心投影线的偏外侧，即反支撑状态，准确地做出轮外刃支撑脚尖指向稍偏内的动作，顺势完成收蹬腿技术动作。

5. 上下肢协调配合阶段技术

上下肢协调配合阶段技术是指滑跑选手在运用双蹬技术滑行中，便于创造最大的冲滑力，使用腰部为核心力将全身动作（摆肩、摆臂、摆浮腿）协调配合，使各个环节阶段的技术动作准确到位。

1）摆臂阶段技术

选手在使用双蹬技术滑行中，伴随着收蹬、侧蹬的变化，滑行姿势会略有起伏，肩部会有小幅度的摆动。它是以腰为核心调动全身动作协调配合时所不可缺少的技术环节。当滑行中收蹬腿时，摆臂和收浮腿动作方向应一致，达到在身体的纵轴上起到维持平衡的作用。在侧蹬时，要将上体的身体重心保持在侧蹬腿上，肩部应尽量放松，不要过早地摆动。臂的动作可由摆动开始时发力，并使动量贯穿整个摆动过程。一般来讲，臂的摆动应像是腿部动作的"节拍器"，补充腿的蹬力。在结束侧蹬的同时，做与侧蹬方向相反的摆肩，起到移动身体重心的作用。

双蹬技术的另一个特点就是合理运用腰力（核心力）促使协调摆肩、摆臂、摆浮腿到位。滑行选手在双蹬技术滑跑中因滑行距离与战术的不同，会采用单摆臂或双摆臂技术动作。另外，抬肘和向侧摆动成分偏大的特点，不论是在前摆还是后摆，都会有突显，能有效地起到增强蹬地效果、控制身体重心转移和加快滑行动作节奏的作用。

双蹬技术滑行中的摆臂瞬间停顿动作会在收蹬腿结束、瞬间变刃和侧蹬结束 3 个位点处显现，它也是正确完成摆臂阶段技术动作轨迹的保证。摆臂阶段动作侧向程度的大小，不仅与双蹬技术滑跑动作的幅度有关，也与滑行选手赛场上运用的技术与战术意识相关。

2）瞬间的放松

肌群瞬间的放松是一种能力。在双蹬技术滑行中，为了有效提高滑行速度，选手必须学会瞬间放松做功的肌群以此更加完美地完成滑行阶段技术动作，使全身动作协调配合，提高蹬地动作的效果。只有学会瞬间放松滑行的选手才更有机会获得最终的胜利，成为最优秀的选手。

双蹬技术动作的一个滑行幅步由 4 个时期、8 个阶段、16 个动作组成。双蹬阶段技术动作周期与协调配合示意图如图 8.3.13 所示。

周期与阶段	周期							
	单支撑		双支撑		单支撑		双支撑	
	阶段							
	外刃轮收蹬	瞬间变刃	内刃轮侧蹬	内刃轮侧蹬	外刃轮收蹬	瞬间变刃	内刃轮侧蹬	内刃轮侧蹬
	滑步动作							
	左滑步动作							
	（1）外刃轮收蹬	（2）瞬间变刃	（3）内刃轮侧蹬	（4）内刃轮侧蹬	（5）收腿	（6）回摆	（7）前摆	（8）下轮着地
	右滑步动作							
	（1）收腿	（2）回摆	（3）前摆	（4）下轮着地	（5）外刃轮收蹬	（6）瞬间变刃	（7）内刃轮侧蹬	（8）内刃轮侧蹬

图 8.3.13 双蹬阶段技术动作周期与协调配合示意图

（三）双蹬技术的特性

双蹬滑跑技术减少了阻力，增强推进力，其特性如下：

（1）双蹬技术排除了减速因素，获得两次推进力与加速度。实践证明，收蹬动作增加了蹬地动作的做功时间，提高了推进力，减少了降速。同时，防止在滑行速度不平均时所付出多余能量消耗，产生持续高速滑行的节能效果。

（2）双蹬技术中收蹬的动作由腿部肌肉群做功为动力源，血液循环畅通，血流量增加，减少乳酸及代谢产物的堆积，从而推迟腿部肌群的疲劳，延长做功时间，增加动力性做功。

（3）选手在双蹬滑行过程中，滑行姿势相对偏高，身体重心在纵轴产生的位移小，滑行轨迹的直线性更佳。

（4）使用双蹬技术时，蹬地角度大，支撑点牢固，由此产生更大的推进力，使滑行具有向前冲滑的应变性和变速性特点。

（5）双蹬技术能积极有效地调动更多肌肉群参与完成蹬地阶段技术动作。在一个动作周期内增加了一次推进力减速的过程，因此减少速度的波动——高速段衔接。这不仅提高了做功的实效性，还提高了全程速度。

随着滑跑运动成绩的不断提高，双蹬技术的改革遵循着如何更有效适应比赛需求及有效提高运动成绩的目标而发展。根据项目的不同，选手们采用的技术也各不相同，中长滑跑选手运用的双蹬技术，是以向内侧蹬地动作为主、向内收蹬腿动作为辅的改进技术。它是保留了双蹬技术的核心价值及最大化地侧向蹬地发力的新型双蹬技术。

三、滑跑技战术专门性教学

（一）滑跑技术专门性教学

在实践技术教学中，基本方法与手段有很多，如何更有效地提高选手滑行的水平，应根据选手的技术特点选择技术教学的方法，如语言法、直观法、分解法、完整法、重复法、变换法、综合法、游戏法、比赛法以及纠正错误动作的方法等。纠正错误动作的方法有录像纠正、对比纠正、限制纠正、器材纠正以及矫枉过正等，具体行之有效的练习手段多种多样，实践中需要不断总结，有创新才有提高。技术练习常用的手段如下：

（1）匀速滑行。在保证技术的前提下用较慢的均匀速度长时间滑行，并逐渐延长滑行距离。

（2）利用惯性速度滑跑。想获得大的惯性速度，起速的过程中必须加大蹬力，在获得滑行惯性的状况下体会正确的技术动作，改进直道与弯道技术。例如，直道加速获得惯性速度，练习弯道技术；弯道加速获得惯性速度，练习直道技术。动作力求准确、轻松、协调、省力。

（3）运用出弯道速度滑跑。当起速滑行进入弯道时，全力加速滑行弯道，运用出弯道时的惯性速度，体会直道的正确动作或改进直道滑行的技术，动作也要力求协调、准确、轻松、省力。

（4）变速滑跑。在快速滑跑中练习滑行技术；在慢速滑行中进行放松与调整。

（5）尾随滑跑。滑行技术好的选手领滑，其他练习选手尾随其后，模仿并学习正确的直道、弯道滑跑技术及培养节奏感。

（6）集体轮流领先滑跑。集体滑行，每人轮流领先滑，确保较高的速度领先滑行；其他练习选手尾随在后，在阻力较小、比较省力、保证技术的情况下培养速度感，提高全程的滑行速度。

（7）突然起速、短冲练习。滑行过程中以最大力量、最高频率突然起速或短冲练习，力求在最短时间内发挥出最大速度来滑行。

（8）顺风加速滑跑。滑行中选择借助顺风加速，达到最快速度，体会在高速中的正确滑行动作。

（9）小圆周加速滑跑。半径为 8～10 m，随着蹬地力量的加大，提高滑行速度并逐渐加大身体的倾斜角度。

（10）螺旋形弯道滑行。弯道滑行起速应从场地中间开始，逐步加大蹬地力量，以此来提高弯道滑行的速度，小圆周越滑越大，渐渐过渡到大场地弯道。

（11）起跑练习。起跑的质量直接关系到全程滑跑的速度，通过练习提高起跑效果，起动快，在瞬间能达到较高的速度。具体的练习方式如下：

①运用分格带式，进行高频率的"外八字"跑。

②练习者双手扶固定的物体使身体前倾形成倾斜角时，练习原地疾跑。

③几个人各间隔 1 m 站成一排横队，听信号快速起动后，滑行 50 m 或 100 m。

④多人站成一排横队，听信号起动后，快速疾跑的模拟比赛。

⑤滑行中突然起速，以求达到最大速度。

⑥运用疾跑后的最大速度，调整滑行的步幅（3～5 个单步），过渡到途中的正常滑行。

⑦模拟比赛中单人出发的完整起跑技术练习。

⑧集体出发的完整起跑技术练习。

（12）全程滑行。以中速或高速滑跑 300 m、500 m、3 000 m 以及 5 000 m 与 10 000 m 全程，体会长距离、短距离全程中的各段滑行技术。

（13）长、短距离模拟比赛。此方法加大了练习的难度，同时模拟比赛的条件，巩固和提高直道与弯道的滑跑技术并加大了练习强度。

（14）双蹬技术练习。支撑腿压住脚跟，用外沿向内、身体中心线方向收蹬。向左（右）连续外弧形蹬地。同时，练习使用轮的外沿向内、身体中心线方向收蹬。

（二）滑行战术教学

滑跑战术专门性教学是实施战术计划的基础，通过具体战术行为或手段来完成战术的实施教学，而这些手段与行为的实施水平都与平时训练的基础息息相关。只有通过日常严格、全面、系统的训练，才有可能在参加各类比赛时充分运用和发挥战术水平。另外，加深对战术的认知和对战术计划深度理解的最佳方法是通过日常的战术训练来获取，同时培养运动者或竞赛者的战术意识与对场上各种局势发展变化的预测及准确判断能力，积累实战经验，提高战术运用的实战性以及应用战术的质量和队友之间的配合能力等。

1. 战术教学方法

在战术教学的方法中最常使用的方法有模拟性教学法、实战性教学法以及观察与分析教学法。

模拟性教学法是指运用模拟比赛环境与竞赛者的假设和模拟战术手段等，营造类似比赛条件、气氛相同的环境，对某种战术手段、战术意识进行具有实质性的针对特定情况训练的一种方法。在训练过程中需要多次进行演练，从而提高运用战术的技巧能力。

实战性教学法是指通过参加比赛、教学比赛与测验的实战对战术进行教学的训练方法。它将使运动者或竞赛者对战术意图深层次的理解与战术运用的实践能力大大增强，使战术计划切合实际，具有强大的执行力。

观察与分析教学法是指使用观摩比赛或观看比赛视频及现场分析讲评等，对赛场上的某些案例提出问题并进行分析的战术教学法。这种方法有利于提高运动者或竞赛者思维能力及对场上各种局势发展变化的预知能力和战术的运用能力。

2. 战术教学的基本要求

战术教学是为了提高运动者或竞赛者的整体训练水平，同时培养和提高运用战术的能力。其基本要求如下：

（1）战术教学必须始终贯穿在技术、机能与心理等全方面训练内容中，必须将运动者自身的战术能力和运动技术、自身机能、心理素质与准确判断等能力紧密结合起来，相互促进，有效提高战术训练的实用性。技术能力是战术能力的根基，身体能力是提高技、战术能力的必要条件，心理能力则是技术能力与战术能力发挥的保障；准确判断和战术能力的关系更加密切，它能促进运动者或竞赛者在战术运用过程中的敏捷、灵活、预知与创新性。由此可见，战术训练必须始终贯穿于其他教学练习内容之中，并与其紧密地结合到一起共同发展。在教学过程中，单纯的战术教学也是很有必要的，它在战术基础训练中运用的较多，效果显著，但是这种方法对于培养专业竞赛者的实战能力、对抗效果不佳，也不利于竞技者运动综合性思维能力的拓展。

（2）战术教学需要有针对性和真实感。"练"为了"赛"，战术的教学练习也应始终围绕着比赛的实战进行，根据参赛的战略目标和战术计划，针对赛场上可能突发的情况与未知的问题进行模拟练习。在练习过程中营造一种有干扰、有竞争的环境氛围和比赛场面，使练习带有比赛的真实感。这样不仅能提高运动者练习的兴趣及有效地调动其积极性，而且能够显著地提高自身分析问题与解决问题的能力。

（3）战术教学过程中注重结合对抗性较强的练习手段。同场速度轮滑比赛中多人竞争，对抗性非常激烈，经常在短距离与集体赛中无法避免地发生碰、撞、拉、绊、推人等身体接触现象。另外，比赛中的战术运用也随着相互的干扰与影响发生改变。因此，在战术练习过程中要充分考虑到这一特征，结合对抗性强的练习手段和采用抗干扰的练习手段进行有效性的练习。速度轮滑运动的抗干扰练习方法较多。例如，滑行中转体720°接滑跑，听口令或看标志物、绕过或躲闪障碍物突然改变滑行轨迹的练习，变换场地及方向的练习；利用运动者相互之间的拉、碰、撞、推等犯规干扰动作，进行配合练习和被干扰后快速恢复正常滑行等练习方法。

（4）战术方法多样性，注重全面性练习。首先，速度轮滑参赛者在比赛中由于参与的项目较多、对手相对也多，竞赛形式多样化，并且每位竞争选手都会因场上的变化而改变自己的滑行战术。因此，每名速度轮滑运动者都必须掌握多种战术方法，以此适应赛场上的突发变化，随机应变，争取主动权。其次，在战术练习过程中，更要注重全面性，掌握和具备发动战术的手段与能力，同时又要掌握和具备反战术的手段与能力，逐步形成符合自己特点的战术风格，挖掘潜力拓展新的战术方法与练习内容，有效地保证多种战术方法在实践中的应用能力得到不断提高。

第四节　速度轮滑教学练习方法示范

速度轮滑运动是一项技术性运动项目。想在有限的时间内提高滑行效率就需要坚强的毅力、足够的时间和反复强化的练习。尽管速度轮滑技术动作复杂，练习者应根据自己的实际情况，有选择性地练习滑行中蹬动循环中的一些技术动作。由于整体教学中复杂技术动作掌握相对比较困难，因此为便于快速掌握复杂技术动作要领，把它分成单一并独立的小环节技术学习起来就容易了。

本节主要讲解一些具体的练习方式方法。对于轮滑初学者来说，这些练习的方式方法对提高速度轮滑每个阶段的技术动作都会有所帮助。为了提高动作形态各方面的实践与运用，每一环节的蹬地技术都可独立地加以练习。矫正身体姿势可以增强练习者的感官敏锐性，同时也可作为一种自我检验掌握技术动作的方法。

一、全面性原则

采用"聚积式"的教学计划可获得很好的练习效果。

进行每一项练习之前，应在复习并掌握前一项练习形成的技术与感觉的基础上进行下一知识点，而前面某个练习中学到的技术又将与后面所有要学的技术相结合。"聚积式"可使练习者集中进行其中一项练习。练习时应遵循以下原则：

（1）不管自身的能力强与弱，所有练习者首先都应当从第一节基础开始，然后按照动作顺序进行下一节练习。

（2）每一节练习都要练到自然流畅地完成技术动作而没有错误，达到熟练掌握程度后，方可进行下一节的练习。

（3）按照技术动作的练习次序不断练习直到你能准确地完成技术练习时为止。每一节练习中如出现错误，该技术必须反复练习直到正确掌握后再继续下一节练习。

（4）当练习者完成动作有失误时，必须再复习所学的技术，直至无误地完成最后一节的练习，这时方可在正确动作状态下结束练习课。

（5）在练习中哪一节技术出现错误，下一次开始进行练习时，练习者应从第一节开始，也可以从上一次练习课中出现错误的前一节开始。

（6）反馈对获得成功是至关重要的。应从外部寻找反馈（同伴或教师）或从其他渠道（教材或视频）获得，即使有最好感知力的练习者也需要得到关于其动作方面的最新技术信息。

（7）所有静止的和有动力的练习都要求向前滑的技术动作。开展这些动作练习时速度需均匀，以支撑 15 m 的滑行距离为基础点。

（8）便于领悟动作要领，每次只讲一个知识点，按一般规律从下肢开始到上肢顺序讲。因为学习平衡能力与视觉能力同等重要。

二、"学练与矫正"的指导方法

无论你是经验丰富的教师还是一名初学者或是只是帮助朋友学点新动作，都可以通过以下几种重要的方式增强自己的指导效果。大多数同学在开始学习新动作技术时总觉得有些恐慌和担心，而这种担心会导致心神不定，不利于整个学习过程。作为教师或者指导员，你所说的任何语言与做的任何事情都会对你教的学生产生影响。以下几点便于帮助学习者掌握信息并最大限度地提高整体学习过程的效率。

（一）示范

有些学生通过观察与模仿别人学的最快，而有些学生对需要完成任务的口头指导反映更好些。但是，所有人都可以从示范中受益。

（1）成功的示范者必须能够准确地完成学生将要完成的练习。

（2）学生必须从不同角度观察示范，即前面、后面、侧面。

（3）所有示范必须伴随语言讲解。学生们应首先看示范，再听讲解，然后再看示范，最后才开始练习。

指导方法顺序：示范→口头讲解→多方位示范→练习→反馈与矫正→进一步练习。

（二）反馈

在学习过程中成效认知是非常重要的，反馈应以积极并易懂的方法提供。应当在练习结束后马上提供反馈，以便练习者可以即刻把反馈信息同个人所完成动作的感觉进行对比。有效的反馈沟通方式关系到全面洞察力与反馈的价值。消极的语言会打击学生的自信心，造成内心受挫，并阻碍实施目标的进度。

3种有效的反馈方法可矫正身体的错误姿势。选择行之有效的方法就是最有价值的，反馈信息可使练习者进行反思并愿意接受。

1. 集中了解学生做对了什么

选择口头反馈时，最好是先简述其要点，避免"不"这个词出现。例如，"你的轮外刃外倾角度看起来好极了，加油哦！我相信你！如果可以再屈膝以加大蹬地力量，你会更棒的"。绝对不能用批评的语言来开始交谈或先评论练习者有哪里做的不好的地方。例如，"你的膝盖弯曲的角度不够。""你不降低重心与臀部，你的蹬地力量就会浪费了。"尽管这样的批评也说出了重点，但却会对学生产生消极的、负面的影响。不应该给学生产生心理压力，身心紧张会导致肢体不协调，动作僵硬，而只有在轻松愉悦的状态下才能更好地掌握技术动作。

2. 引导学生如何选用另外的方式去做

反馈过程中不使用否定式，可以先让学生换个方式去尝试体会一下感受，以便在无声中改正错误。引导为辅，练习为主，同时探讨正确动作有益于完成动作的有效性。

3. 亲手帮学生定位

有时，再多的口头反馈也无法帮助学生改变动作形态，而可行的一种方法就是去移动练习者的四肢直至达到准确的动作姿势。静止姿势中这样做即安全又能深刻感受正确的动作定位，但练习者滑行中应谨慎使用。只有在指导者知道了问题的关键时才可以运用这种定位方法纠正动作，并需要提供准确的信息补充反馈和视觉观察效果。

身为指导者，自身必须掌握正在传授的知识，坚信自己的能力，真诚关心并爱护每一位练习者。对其最小的提高都要给予鼓励，每一次的成功应即刻给予表扬，必须让练习者在理解或正确完成动作时结束练习。

三、直道练习方法

在每次直道技术动作练习中，应结合练习的动作名称、动作目的、动作要点，重点讲解易犯的错误及会出现的问题，选择练习内容并加以强化。这里并没有列出所有可能出现的难点而仅仅列出一些最容易犯的错误。练习者的具体情况各不相同，指导者必须以敏锐的洞察力针对练习者各自的问题给予不同的指导。

练习应是由静止练习与运动练习相结合组成的。

静止练习是指练习期间身体姿势保持暂时的平衡，肢体的蹬动力量不需要参与完成练习，其练习主要集中于蹬地循环中的身体基本姿势保持和配合协调问题。因此，在即将进行运动练习前必须掌握。

运动练习则是要求滑行时下肢各部位进行积极的动作。这些运动练习强调动作的连续性以及力量与身体能量的应用。准确来说，运动练习要求上体保持静止平衡状态，下肢应进行积极的动作。

（一）直道滑行矫正

1. 动作目的

学习运用以基本姿势直线滑行；加强直接使用轮滑鞋的肢体感觉。

2. 动作要点

（1）双腿打开的宽度应与肩同宽。

（2）膝关节弯曲角度约100°（膝盖位于脚尖的正上方）。

（3）身体重心向下的垂直线应落于滑轮距脚跟1/3处。

（4）躯干应从直立状态前屈呈45°~60°，后背稍稍弓起。

（5）双手自然地放在两条腿上。

（6）抬头，眼睛看前方3~5 m处。

（7）身体重心均匀地放在两条腿上。

（8）滑行直接作用于轮的顶部。

3. 重点讲解

蹬、收几步有了加速度，保持基本姿势，然后沿直线直接用中刃轮滑行。

4. 易犯错误

（1）双膝弯曲角度不够。

矫正方法：采用双腿膝对墙练习，也就是使用双脚的前轮顶着墙，直到双膝屈膝的关节触到墙为止。

（2）重心前移过大，造成滑轮前部压力过大。

矫正方法：身体后移蹲，就像坐在椅子上一样。

5. 巩固练习

为提高稳定性，可稍稍松开鞋带再练一次，或每次练习时一次松一鞋扣眼。

（二）弓步滑

1. 动作目的

强化轮刃的控制，保持基本姿势滑行，两踝关节向外倾，流畅地用外刃轮滑行。

2. 动作要点

（1）保持（一）中所有的身体基本姿势要求。

（2）两脚踝关节的外倾保持平等且对称。

（3）控制滑出去的轨迹是直线。

3. 重点讲解

沿直线滑行，双膝的间距以双拳放在其间为宜；滑行过程中双踝始终保持外倾；保持基本姿势要求。

4. 易犯错误

（1）改变直线滑行路线。

矫正方法：让每个轮承受的重量相等；双脚平行向前滑进。

（2）双踝外倾不对称。

矫正方法：原地感受脚踝对称的受力点，反复练习此动作。

5. 巩固练习

（1）把一只拳放在双膝中间进行练习。

（2）双膝尽量贴近，体会此时的感受进行练习。

（3）提高稳定性，在自己可以控制平衡的情况下，逐渐松解鞋带直到鞋带扣帕都松开为止。

（三）次滑动

1. 动作目的

掌握蹬动腿接近充分伸展的姿势滑行，重心放在支撑腿上。

2. 动作要点

（1）蹬动腿向侧伸直，膝关节稍稍微屈。

（2）蹬动腿滑轮应放置在支撑腿滑轮前方约 5 cm 处。

（3）支撑腿弯曲约 100°，并承受身体重量。

（4）支撑腿稍向外倾斜。

（5）支撑腿一侧的脚尖、膝关节与鼻子应在同一垂直平面上。

（6）双肩保持与地面平行。

（7）直线滑行轨迹。

3. 重点讲解

沿直线滑行，侧向伸展蹬动腿；使支撑腿承受身体重量；鼻子、膝关节与脚尖三点处于同一垂直平面上。

4. 易犯错误

（1）滑行时跟随蹬动腿伸展方向转体。

矫正方法：把蹬动腿稍向前移，确保支撑腿承受身体重心。

（2）扭转双肩。

矫正方法：上体应位于支撑腿的正上方。

（四）延迟还原脚尖拖地

1. 动作目的

保持静止的延迟还原滑行练习，由支撑腿承受身体重量；调整重心移动所需的平衡。

2. 动作要点

（1）支撑腿膝关节弯曲角度约100°，并承受身体重量。

（2）支撑腿的滑轮中间承接身体重心。

（3）还原腿的膝关节指向地面。

（4）滑进中，还原腿的前轮触地滚动滑行。

（5）支撑腿滑轮在滑行时稍稍外倾。

（6）滑行轨迹为直线。

3. 重点讲解

沿直线滑行，支撑腿承受身体重量；把还原腿膝关节直接放在另一条腿的侧面或稍靠后的位置，并垂直向下；还原腿的滑轮在地面上滚动时其脚尖轮稍离开地面。

4. 易犯错误

（1）滑行线路偏向还原腿一侧。

矫正方法：减缓还原腿的压力，让支撑腿承受身体重量，尽量将还原腿在支撑腿后提起收紧。

（2）滑行期间无法保持身体平衡。

矫正方法：巩固（三）中技术动作。

（3）扭转双肩。

矫正方法：双臀平直，还原腿膝关节必须在支撑腿膝关节后面向上团。

5. 巩固练习

（1）重复以上几个动作的练习，但是在滑行时必须让还原腿的滑轮离开地面几厘米。

（2）反复练习，支撑腿的滑轮加大外倾角度。

（五）单腿蹬地

1. 动作目的

将所学过的技术动作变成有动力的动作；完善其动力蹬地技术的感知力。

2. 动作要点

（1）所有体重都由支撑腿承受。

（2）在整个练习过程中膝关节应弯曲至100°。

（3）双肩与臀部应保持水平状态。

（4）蹬动腿直接向一侧伸展直到膝关节伸直时为止。

（5）蹬动腿的滑轮一直保持与地面接触。

（6）蹬动腿的还原动作应直线向内，并保持与地面接触。

（7）支撑腿滑行轨迹应保持直线滑行。

3. 重点讲解

选取基本姿势，将蹬动腿向侧位直线蹬出去，达到充分的伸展；支撑腿还原时，把滑轮稍向内转，使它滑回中心；同一条腿再做一遍直到向前的力量消失为止。

4. 易犯错误

（1）蹬地时没有向侧方蹬直，出现向侧后方蹬。

矫正方法：保持膝关节的正确角度，使蹬地时发力于滑轮的中部，确保这个动作的准确性，向侧蹬地时稍向前蹬些（此时的滑轮不是静止状态）。

（2）蹬地还原时双肩扭转。

矫正方法：让体重集中于支撑腿上，蹬地过程中鼻子、膝盖和脚尖三点应在同一垂直平面上，不要向蹬动腿倾斜。

（3）还原过程中蹬动腿滑轮在支撑腿滑轮的后面。

矫正方法：加大支撑腿弯曲，重心更加集中于滑轮后部。

5. 巩固练习

（1）重复练习，让双腿交替进行蹬地，即左腿蹬出，还原，再蹬右腿还原；强化技术的准确性。

（2）重复练习，使支撑腿滑轮更加用力向外倾斜。

（六）小腿与脚外撩

1. 动作目的

还原动作中的轮应始终指向正前方。

2. 动作要点

（1）练习过程中支撑腿与膝关节保持弯曲至100°。

（2）支撑腿轨迹直线滑行。

（3）伸展腿回收路线以半圆形轨迹移动逐渐屈膝，脚尖自然下垂。

3. 重点讲解

开始时把蹬动腿向侧蹬出，充分伸展并绕半圆屈膝收回，靠拢在支撑腿旁边，直至支撑腿向前滑行，速度减速回落支撑。

4. 易犯错误

（1）上体与支撑腿不在同一重心点或滑行路线不直。

矫正方法：减少由蹬动腿承受的体重。

（2）没有掌握平衡支撑点的练习。

矫正方法：静止姿势进行练习，也可扶着物体练习支撑。

5. 巩固练习

（1）重复练习，让双腿交替蹬地。

（2）重复练习，使支撑腿滑轮加大用力向外倾斜。

（3）蹬动腿还原时，在蹬动腿绕背后划半圆时，其需要离开地面几厘米高。

（七）完全还原

1. 动作目的

把所有学过的练习连接在一起，并在还原过程中使身体的重心移动。

2. 动作要点

（1）前面练习中列出的所有要点。

（2）在蹬地结束时，将滑轮提离地面，使其与地面保持平行，指向正前方。

（3）使滑轮接近地面，通过先把脚尖轮内转而启动还原过程。

（4）还原腿的轨迹在背后划出半圆弧的动作。

（5）即将还原动作结束时，使双臀向重组腿下蹲，双肩与双臀平行移动。

（6）在重心继续移动时，将滑轮直接放在支撑轮的侧前方。

（7）滑轮着地时，轮的后半部先与地面接触。

3. 重要讲解

蹬地结束时，把滑轮稍抬离地面绕背后还原；在腿部技术动作进行重组时，开始将双臀向重组腿的方向下蹲；用外刃轮着地，放在支撑腿稍前一点的地方，使重心的运动轨迹更趋于稳定，同一条腿重复该动作直到向前的力量消失。

4. 易犯错误

（1）重心过多放在支撑腿的前半部，导致重心过于靠前。

矫正方法：检查基本蹲姿，确保还原轮被放在支撑轮稍前一点的地方。

（2）支撑腿滑轮内倾。

矫正方法：保持正确的上体姿势，使重心移至支撑腿上。

（3）平衡力无法满足正确的练习。

矫正方法：静止姿势进行这个环节练习，扶着周边固定的物体作为支撑。

5. 巩固练习

（1）重复练习，但让双腿交替蹬地：左腿蹬出，还原；再蹬右腿，还原。反复交替练习。

（2）进行完整动作形态练习，包括蹬地结束时在下一次伸展开始前，阶段性动作稍稍停顿一下。

四、弯道练习方法

通常使用交叉蹬地提高弯道技术的练习。交叉蹬地练习分为左腿和右腿以及双腿交替的练习。然而对交叉步而言，最重要的环节如蹬地方向、蹬地充分伸展、蹬地力量都与滑轮的中心部位有关。弯道练习最好选择沿着圆形路线进行，既可以练技术又能增强弯道腿部肌肉做功的力量和耐力。在保持上体姿势正确的前提下，运用臀部和腿的动作协调配合练习弯道滑行。

沿着同样大小的圆形路线进行大量重复动作的练习为常径练习。这可使用障碍桩标识出路线，以增强练习者的直观效果。根据练习者对技术的掌握情况将弯道滑行的速度先由慢开始再逐渐加快，提高滑行速度。一般滑行圆的半径可选 5 m 左右，半径可根据具体场地情况而定，滑行路线相同。

选择变径，反复进行练习，要求每次都必须改变半径的长度。练习的方法有两种可供选择：

第一种方法是滑的圈数越多，圆就变得越大。随着练习的深入，速度也会逐渐加快。以更快的速度来滑更大的圆圈需要的技术较少，便于控制滑行轨迹。此方法更适用于初学者弯道的练习。

第二种方法是变径练习，难度较大，滑行圆的轨迹是逐渐收缩的。滑行者在加速或缩小圆的半径时，很难控制离心力。因为滑行中轨迹在发生变化的同时，圆圈逐渐收缩，必然要求滑行者身体重心内倾加大。

（一）右腿蹬地与保持

1. 动作目的

确保右腿伸展动作直接与离心力相对应；适应在练习中使用轮的中后部位蹬地。

2. 动作要点

（1）右腿膝关节从弯曲约100°开始伸展，伸展时从弯道弧中心方向向外蹬，直到膝关节弯曲极小或没有弯曲。

（2）右腿蹬地及重组过程中，两只滑轮必须保持与地面接触。

（3）左腿膝关节保持弯曲约100°，滑轮指向弯道前进方向。

（4）双肩与双臀平行，与离心力方向一致。

（5）上体直接位于左腿滑轮上方。

（6）用右腿滑轮中间位置蹬地。

（7）两只滑轮同向倾斜，将力量作用于滑轮左侧（左脚可使用中刃轮或者外刃轮，右脚使用内刃轮）。

（8）双臂自然放在腰部。

3. 重要讲解

左腿保持弯曲，上体位于左腿上方；右腿侧向蹬出达到充分伸展，由左腿滑行并保持平衡3 s的时间，蹬动腿滑轮保持与地面接触；滑行阶段不可将蹬动腿滑轮向后拖着，让蹬动腿向后内重组；重复练习此动作10~20次。

4. 易犯错误

（1）右腿蹬向侧后方，与离心力不一致，并没有直接侧向蹬出。

矫正方法：膝关节弯曲，小腿压低把力量集中于滑轮的中后部；加大伸展动作，蹬出去时用力向前伸。

（2）上体与支撑腿不在同一支点。

矫正方法：左臀向内倾斜，身体重量全部由左腿承受。

（3）双肩向左扭转。

矫正方法：右腿的滑轮应向后蹬而不是向侧蹬出；抬起头，双眼需平视前方，使蹬地方向与离心力保持一致。

5. 强化练习

重复练习。当右腿达到充分伸展时，提起滑轮离开地面5~10 cm并保持，一定让滑轮与地面平行，右腿伸展时单臂或双臂摆动。

（二）左腿蹬地与保持

1. 动作目的

左蹬动腿从体下蹬出，方向与离心力方向相反，保证左腿蹬力点为滑轮中心的位置。

2. 动作要点

（1）当右腿在前面交叉时，左腿从体下蹬出。

（2）开始交叉步动作，右腿膝关节弯曲约100°。

（3）两只脚的滑轮保持与地面接触，使用滑轮的左轮刃。

（4）左腿从髋关节下方侧向蹬出，方向与离心力方向相反。

（5）在左腿达到充分伸展时，膝关节无弯曲，然后立即在右膝关节处收起。

（6）从弯道弧的中心位置看，两只脚的滑轮中间有非常短的距离，甚至没有距离。

（7）双臂自然地放在腰部。

3. 重要讲解

当右腿在左腿前面交叉经过时，左腿从体下侧向蹬出；右腿滑行保持平衡，左腿保持伸展姿势约 3 s 的时间；回到起点重复练习。

4. 易犯错误

（1）伸展出去的左腿在弯曲的右支撑腿后拖得太远。

矫正方法：右腿膝关节再屈，以便让左腿膝盖藏起来紧随在后面；当左腿从体下蹬出时，让伸展腿稍稍向前用力。

（2）双肩向右扭转。

矫正方法：左腿过于向后蹬了。在确保左腿直接侧向蹬出时，方向位于离心力方向的假想线上。

5. 强化练习

在伸展左腿时，单臂或双臂摆动。

（三）触地式交叉步

1. 动作目的

把前面两个练习的动作组合在一起，保持与地面接触的交叉步技术。

2. 动作要点

（1）当右腿伸展时，身体重量移向左腿支撑。

（2）当右腿滑轮在前面还原时，后轮应从靠近左腿滑轮脚尖经过。

（3）当右腿滑轮开始在前面交叉时，左腿开始蹬地。

（4）左腿前滑轮应从靠近右腿滑轮的后轮经过。

（5）两只脚的滑轮一直保持与地面接触。

（6）蹬地时两条腿都应同向直蹬出去。

3. 重点讲解

右腿侧蹬直至充分伸展，保持 3 s 充分伸直状态；当右腿向左侧前交叉时，左腿蹬出保持 3 s；当右腿再次蹬地时，左腿重组；在保证双轮相互交叉时距离应很近而且一直要与地面保持接触。

4. 易犯错误

（1）当一侧腿或双腿蹬地时过于向后蹬，出现双肩向左内转。

矫正方法：双肩姿势需改变，使双肩与双臀平行并且与弯道中心一致。

（2）滑轮的前部用于蹬地。

矫正方法：膝关节弯曲的角度加大，便于身体重心向滑轮后部倾斜。

5. 强化练习

（1）选择单臂或者双臂伴随双腿动作摆动。

（2）加强节奏的练习：前 5 个蹬地循环每次保持 3 s，接着保持 5 次 2 s 的循环，最后保持 5 次 1 s 的循环。

五、双蹬式练习方法

双蹬技术比较复杂并且难以掌握。此技术的学习不可被整体来传授，需要通过高密度的反复观察、模仿、试滑、自我矫正的方法才可掌握。双蹬技术是轮滑界的新生事物，重复练习以下的进程能够有效地帮助练习者掌握学习双蹬技术。

（一）刃的控制

练习通过每一小节介绍一个新环节，先掌握好一个小节再学习下一个小节，逐步使练习者掌握如何控制好刃的发力点与支撑点。

1. 外刃轮滑行

动作目的：增强外刃轮滑行的能力。

动作要点：

（1）保持基本姿势滑行。

（2）两只脚踝应平等且对称地外倾。

（3）沿直线滑行。

重点讲解：两只脚踝需外倾，沿直线滑行，同时需要保持基本姿势。

动作要求：刃的控制，外刃轮滑行（原地练习刃的变化再过渡到行进练习）。

2. 台宽式变化

动作目的：保持两踝外倾，同时改变两只滑轮之间的宽度。

动作要点：

（1）滑行时保持基本姿势。

（2）两脚踝应平等且对称地外倾。

（3）沿直线滑行。

重点讲解：双轮并在一起开始，双轮蹬出分开宽于双肩，然后再把双轮拉回到一起，整个练习过程中两踝外倾滑行；反复做此动作，体会腿部同时蹬出、拉回的肌肉感受力。

动作要求：保持轮刃的外倾度，控制脚踝蹬出、拉回的宽度。

3. 运用刃进行台宽式变化

动作目的：重复前面"台宽式变化"的练习动作，需要在蹬出－变宽、拉回－变窄过程中加入刃的动力；当双轮并在一起时用外刃加大拉与拖的力度。

动作要点：

（1）沿直线滑行。

（2）蹬出变宽时两脚踝用内刃轮内倾。

（3）两脚踝应该持续内倾直到达到两轮相距最宽点，然后换外刃轮。

（4）当把两轮往回拉拖时，保持向外倾斜，外刃轮发力。

重点讲解：沿直线滑行；双轮并在一起开始两踝关节内倾，用内刃轮的同时把双轮向外蹬开；当达到最宽点时，把两踝关节外倾，用外刃轮把双轮拉回到并拢状态。

动作要求：当双脚踝外展达到最宽点时，用大腿内侧肌群发力，使外刃轮拉回并拢。

（二）剪刀式练习

将双腿需要协调连贯的动作称为剪刀式练习，也就是当两条腿都同时离开身体中线，然后再向身体中线返回。练习该部分的每个循环，轮流让双脚滑轮在另一脚滑轮前面扭转一次。在练习本动作之前，必须在把前面的刃控制环节中每个小节的练习都能较好地完成情况下，才可进行新的动作学习。

1. 导入式剪刀练习

动作目的：讲解剪刀动作的第一环节，每条腿轮流在另一条腿前扭转一次。

动作要点：

（1）沿着直线滑行。

（2）当双腿积极向回拉拖时，一个滑轮移到另一个滑轮的前面，便于后面的滑轮能够处于前轮的正后方。

（3）然后双腿再分开。将要再次向中线拉拖时，那么原来位于后面的滑轮现在拖放到前面了（位置置换，体会拉拖的肌肉感觉）。

（4）在双轮距离达到最宽点时，不得超过 60 cm（根据自身的身高调整间距）。

（5）重心不得有向侧或上、下的移动，也就是说不要有身体重心移动、双腿独立移动和骨盆部位移动。

重点讲解：以两轮并拢姿势开始，把双轮向外蹬出至多 60 cm 左右的距离，把双腿向回拉拖到一起，让一只滑轮在另一只的正前方移动，再把双腿蹬开；下一个循环中，在双腿再向回收拢时把另一只滑轮拉放在前面；反复做，感受肌肉群的用力点，这时不必过多顾虑刃的动作。

动作要求：练习拉拖发力与受力点，重复练习直至掌握双腿拉、拖、滑的准确轨迹。

2. 外刃轮控制下的剪刀式练习

动作目的：踝关节外倾，练习的整个过程中始终保持外刃轮滑行。

动作要点：

（1）这个动作的练习应与导入式剪刀练习的所有动作要点结合使用，滑行时保持基本姿势。

（2）练习开始时踝关节必须外倾。

（3）两脚相距最宽时，距离不超过 45 cm。

（4）重心不得有向侧或上、下的移动，也就是说不要有身体重心移动、双腿独立移动和骨盆部位移动。

重点讲解：重复做剪刀式练习。不同之处是，整个练习中踝关节都要外倾。

动作要求：身体重心核心点的稳定性，强化双腿外刃轮前后拉、拖、滑的熟练程度。

3. 用刃进行剪刀式练习

动作目的：把刃的动作加入前面的剪刀式练习中，用内刃蹬出，用外刃拉回。

动作要点：

（1）这个练习的动作应与导入式剪刀练习的所有动作要点结合使用，滑行时保持基本姿势。

（2）使用内刃双轮分开，踝关节应向内倾。

（3）当达到两轮间相距最宽点（间距大于 45 cm）时，踝关节外倾，双轮一前一后，用外刃轮向回收拉。

（4）重点练习踝关节由外倾变向内倾（双轮距离逐渐加宽）与由内倾变为外倾（双轮距离逐渐变窄）的动作。

（5）重心不得有向侧或上、下的移动，也就是说不要有身体重心移动、双腿独立移动和骨盆部位移动。

重点讲解：重复导入式剪刀练习与外刃轮控制下的剪刀式练习中的两节动作；以通常的姿势开始，发生变化是两腿分开时踝关节内倾，然后双腿收拢时外倾；下一次蹬地开始时再转为内倾，反复多次循环练习。

动作要求：脚踝控制内倾蹬出的间距准确度与转变为外刃轮外倾向回收拢的动作熟练性。

（三）带有重心移动的双蹬式练习

在把前面两个练习中的所有动作都能熟练掌握后，下一个环节就是将身体重心转移动作加入剪刀式练习中。

1. 带有重心移动的剪刀式练习

动作目的：

（1）把重心移动加入剪刀式动作中。

（2）运用正确的轮刃动作，开始分辨蹬动腿和支撑腿间的区别。

动作要点：

（1）开始前，要明确自己的哪一条腿是蹬动腿，哪一条腿为支撑腿。

（2）当双轮距离加宽时，身体重心从蹬动腿移开；身体重心应与支撑腿一起移动。

（3）蹬动腿滑轮应使用内刃轮，而支撑腿滑轮应使用外刃轮。

（4）在双轮距离达到最宽点时，支撑腿应承受全部身体重量。

（5）当支撑腿向回收以占据其在前面的位置时，仍用外刃轮。

（6）两只滑轮始终不离开地面。

重点讲解：重复前面练习中的剪刀式动作，获得向前的冲力，两轮距离变宽，身体重心从蹬动腿滑轮上移开，也可理解为把身体重心移到支撑腿上。支撑腿与身体重心应作为一个整体一起移动。蹬动腿用内刃轮发力蹬动，支撑腿用外刃轮。轮距一旦达到最宽，支撑腿用外刃轮立即向身体的中线收拢，此时蹬动腿置于后方。在前面的支撑腿此刻变成了蹬动腿，其滑轮在蹬地时由外刃轮转换成了内刃轮。此刻，后面的腿转变成为新的支撑腿，身体重心又一次离开蹬动腿，支撑腿现在运用外刃轮并与身体重心一起移动。当滑行者的身体重心还在移离蹬动腿时，支撑腿需要运用内刃轮向回收拢。蹬动腿现在落在了支撑腿的后面。

动作要求：刃轮的轨迹变换与身体重心的连贯配合（支撑腿用外刃轮，蹬动腿用内刃轮）。

2. 带有还原点地的重心移动

动作目的：

（1）在前面的练习中加入矫正后的还原动作。

（2）确保支撑腿向中线回收时承受大部分身体重量。

动作要点：

（1）开始进行本节练习与前面练习的方式相同。

（2）在蹬地腿达到充分伸展时，身体的全部重量应由支撑腿承受。

（3）当支撑腿用外刃轮向内收回时，蹬动腿逐渐屈膝以便于让滑轮在脚尖轮上滚动。

（4）同前面的练习一样，回收的支撑腿置于还原腿的前面。

动作讲解：在获得向前滑进的动力时，重做最后一个剪刀式练习。当蹬动腿达到充分伸展时，让滑轮在脚尖轮上滚动并在身后重组，同时支撑腿向回收拢，确保支撑腿在滑轮的外刃轮上做动作。蹬动腿在支撑腿后还原时，把身体重心从前面的蹬动腿上移开，开始下一次蹬地循环。当所有 5 个轮子都接触地面后，还原腿马上变成了支撑腿，让支撑腿滑轮立即放在其外刃上。以上动作应反复多次练习。

强化练习：浮腿变支撑腿，且当蹬地腿用外刃轮向内收蹬时，蹬动腿应逐渐将膝关节弯曲，保障前轮在后滑进过渡到全轮着地。需要达到动作的连贯、刃的准确性。

3. 双蹬式摆臂

动作目的：为双蹬式动作加上正确的摆臂技术。

动作要点：

（1）双蹬式摆臂与前面所述相同。

（2）把手臂向蹬地方向摆动。

（3）当支撑腿向内收回，还原腿在后面用脚尖轮触地时，手臂应保持静止姿势。

动作讲解：重做用刃进行剪刀式练习中的动作，需要加上双臂摆臂动作。先获得向前的动力。当腿向一侧蹬出时，把双臂向蹬地反方向摆过身体。在支撑腿向内回收，蹬动腿在后面用脚尖轮触地时，保持双臂向蹬地反方向摆过身体的动作。当前腿开始蹬地，而还原腿滑轮随身体重心一起移动时，把双臂向后摆过身体。在向回收或还原动作中再次保持双臂的这种静止姿势，反复做多次。

动作要求：两臂摆动、腿部蹬地用力与浮腿回收的时机配合要协调一致。

4. 慢速与夸大动作的双蹬式滑行

动作目的：把前面所学的技术转换成慢速及夸大动作的双蹬式滑行。

动作要点：

（1）回顾温习所练过的双蹬式动作，即刃的控制、剪刀式练习、带有身体重心移动的剪刀式练习。

（2）有效地把每个技术动作环节紧密连接，达到动作准确到位。当浮腿在收腿并后引时，第一个轮子不可着地。

动作讲解：把前面练习中所有要点都做出来，但是需要加入以下变化，即蹬动腿不要在支撑腿后使用脚尖轮滚动还原，而是在达到充分伸展时把轮滑提离路面。这样做的前提是需要把全部身体重量放在支撑腿上。在蹬动腿离开地面，把支撑腿向中线收回时它仍然承受全部身体重量。当蹬动腿也是自由腿继续在后面复原时，支撑腿继续收回，使其经过身下。蹬地力量启动时，身体重心可从蹬地方向移开，此时把蹬动腿（自由腿）抛向重心移动方向，然后把滑轮放在外刃轮上。在这个过程中，重心应始终与支撑腿一起运动，远离蹬地方向。还原腿滑轮接触地面后，立即转变为承受身体重量的支撑腿。在做这个练习时动作时要慢，并逐渐加强动作的所有环节。

　　动作要求：慢速、准确、到位。随着练习次数的增加，在对动作掌握的熟练程度有所提高的情况下，逐步加大幅度。

第九章
速度轮滑训练

第一节　速度轮滑技术训练

速度轮滑的技术是指在规定距离内以最快最省力的方法滑完全程的合理动作。速度轮滑的完整动作技术包括直线技术，弯道技术，起跑技术与冲刺技术。

一、直道滑跑姿势

速度轮滑运动的特点在于高速度与采用的特殊身体姿势，以减少前进空气阻力和增加前进的动力来实现能量的高度节省化。直道滑跑姿势如图9.1.1所示。

（a）　　　　　　　　　　（b）　　　　　　　　　　（c）

（d）　　　　　　　　　（e）

图9.1.1　直道滑跑姿势

（a）直道滑跑姿势；（b）侧面蹲姿；（c）左腿蹬地；（d）右腿支撑；（e）右腿蹬地

（一）减少前进阻力，增加前进动力

减少空气阻力的最好办法就是使身体接近流线型。上体前倾至几乎与地面平行，并且要放松团身成弓形背。上体与地面角度保持 15°～30°，同时膝部深屈至 100°～110°，降低重心，力求缩小身体正面的横截面积，踝关节深屈至 60°～70°。生物学研究结果证明，这是腿部发挥最大力量时的最佳角度。

（二）蹬地阶段技术

蹬地阶段技术是滑跑技术的核心部分，由支撑腿的蹬地动作和相对应浮腿的摆腿与着地技术所组成。最大限度地产生向前的推进力是蹬地阶段技术的主要任务。决定蹬地效果的因素很多，其中起着决定性作用的因素如下：

（1）蹬地用力时机。当身体重心偏离支点，蹬地角形成之时，便是蹬地开始的最佳时机，也就是当臀部积极地向内侧移动，支撑腿开始展膝发力、压小腿，踝关节、全身的力量协调地、集中发力点压向支撑轮中后部。

（2）蹬地用力方向。侧蹬方向必须与滑行支撑轮的滑进方向垂直。此时，蹬地用力方向位于身体的正侧方才能找到最有力的支撑点。

（3）蹬地用力角度。从重心偏离支点时就开始形成了蹬地角。当蹬地最大用力阶段时，蹬地角为 80°～70°；在蹬地角小至 45°～50°时为蹬地结束阶段。当重心横向移动幅度大、蹬地角小时，蹬地距离长，蹬地效果最佳。水平移动、侧向蹬地、小角度将是技术改进的方向。

（4）蹬地用力方法。它是产生前进加速度的决定性因素。完整的蹬地动作由两个阶段完成：一是开始发力阶段。支撑腿平移推臀、展髋、压膝踝等构成核心发力点，全身力量压向支撑轮的中后部，蹬地用力的支点保持在身体侧方，重心倾倒，形成蹬地角。二是最大用力阶段。在开始发力阶段创造最佳时机的基础上，支撑腿（髋、膝、踝关节）同步以最大力量、最快速度、爆发性伸展刹那间结束蹬地。在支撑腿蹬地用力阶段，浮腿快速积极配合。浮腿动作应视为蹬地动作的一个组成部分。

蹬动腿用力伸展，则浮腿加速前摆，其摆动的速度与蹬动腿伸展速度同步。浮腿加速摆动的惯性力，增加了蹬地的力量，同时有助于增加冲滑的力量。

浮腿着地时间应是蹬地动作即将结束之时。浮腿的着地点，应在重心投影点的内侧，用支撑轮的外沿着地承接体重并支撑滑进。

蹬地阶段技术如图 9.1.2 所示。

（三）滑行阶段

滑行阶段是指支撑腿蹬地结束后，新的支撑腿承接体重，浮腿处于放松收腿状态，身体借助惯性向前滑进的过程。

滑行阶段完全是借助惯性的滑进，无增速成分，而且由于轮滑运动的特点，降速因素很多。例如，轮子与地面的摩擦力、轮轴与轴承的摩擦力、空气阻力等，都将减弱滑行速度。因此，速度轮滑技术应向快蹬、快收、快节奏、高频率的方向发展。滑行阶段如图 9.1.3 所示。

图 9.1.2　蹬地阶段技术

（a）左浮腿、右支撑；（b）右浮腿、左支撑；（c）收右腿、左腿蹬；（d）收左腿、右腿蹬

图 9.1.3　滑行阶段

（a）左腿蹬地；（b）收左腿；（c）左浮腿、右腿支撑滑行

（四）直道滑行的摆臂动作

有力地摆臂能使身体重心快速移动，增加蹬地力量，使上下肢协调配合，提高滑跑频率。摆臂分单摆臂和双摆臂。单摆臂多用于中、长距离或者弯道滑行；双摆臂用于短距离及中、长距离的终点冲刺。

臂的摆动是顺着身体纵向前后加速摆。两臂的摆动以肩为轴，大臂带动小臂，紧贴身体。摆动方向要与身体重心移动方向一致。臂的摆动是顺着身体纵向前后加速摆。两臂的摆动以肩为轴，大臂带动小臂与手，紧贴身体。摆动方向要与身体重心移动方向一致。手臂经身体中心部位屈肘送臂前摆，高度不能超过肩部；另一侧手臂自然向后摆完全展直或肘部略微弯曲。双手半握拳，手臂放松。臂的动作可领先腿的动作，以带动腿部动作加快动作节奏，提高频率。两臂与腿的配合方法是：左脚蹬地，左臂前摆，右臂后摆；当右脚蹬地，右臂前摆，左臂后摆。收腿同时收臂，臂与腿的动作同步，协调一致。摆臂动作如图 9.1.4 所示。

图 9.1.4　摆臂动作

（a）右腿侧蹬摆臂；（b）收右腿摆臂；（c）左腿侧蹬摆臂；（d）收左腿摆臂

温馨提示　两臂摆动与两腿用力的配合时机：在支撑腿惯性滑动时，浮腿收拢，两臂都各自从前、后高点回摆；在支撑腿伸展用力蹬地时，两臂配合上摆，至蹬地结束时，两臂各自摆至前、后最高点。

（五）双蹬技术诱导动作与完整动作

1. 双蹬式移动重心

侧蹬腿蹬地结束时，支撑腿即刻开始用外刃轮支撑向身体重心投影线方向收蹬；收蹬腿即将结束时，侧蹬腿再收向收蹬腿，形成动作"1"字形状态；收蹬腿在前侧蹬腿在后，另一侧同样如此完成。在滑行过程中，双轮始终保持与地面接触，且侧蹬腿向收蹬腿移动时身体重心必须移动到位。

> **温馨提示**　两腿前后排列时，在每一次支撑滑行中的步幅都应准确地换位。掌握侧蹬腿和收蹬腿发力方式。

2. 浮腿摆动

滑行获得一定速度，保持基本姿势做惯性滑行。在双蹬式移动重心动作的基础上，当左（右）侧蹬腿蹬地结束时，收蹬腿开始用外刃轮向内侧收蹬，此时左（右）侧蹬腿离开地面变为浮腿，并由小腿带动大腿向收蹬腿后方摆动。浮腿的摆动速率与收蹬腿蹬地的速率密切相关，二者几乎同步向相反方向运动。浮腿摆动如图9.1.5所示。

（a）　　　　　　　　　　　　　　（b）

图 9.1.5　浮腿摆动

（a）右浮腿；（b）左浮腿

> **温馨提示**　浮腿的摆动幅度大，超过支撑腿（收蹬腿），如同"剪刀"一样。

3. 浮腿着地

浮腿在完成摆动后，从收蹬腿后面逐渐向前提拉，落点在身体重心投影线外侧，使轮子全部着地，身体重心即刻移至已经着地的浮腿。此刻浮腿变收蹬腿，侧蹬腿也结束了侧蹬动作，开始交替另一侧收腿和蹬地动作。浮腿着地如图9.1.6所示。

> **温馨提示**　收蹬腿蹬地空间加大，浮腿着地点适当外移；浮腿在落地同时，重心快速移动，向外倾倒脚踝完成收蹬动作。反复练习，直至动作连贯。

图 9.1.6　浮腿着地

（a）蹬地结束；（b）侧摆腿；（c）后摆腿；（d）收浮腿；（e）浮腿下落；（f）着地支撑

4. 双蹬的摆臂

蹬动腿向侧蹬出，双臂配合摆动，蹬动腿同侧臂向前内侧屈肘摆，支撑腿同侧臂贴体侧向后摆；手臂的摆向与下肢蹬收腿动作协同配合，起到加大蹬地效果，维持身体重心平衡并加快滑行节奏的作用。双蹬的摆臂如图 9.1.7 所示。

（a）　　　　　　　　　　　　　　（b）

（c）　　　　　　　　　　　　　　（d）

图 9.1.7　双蹬的摆臂

（a）左腿滑进，右臂前摆，左臂后摆；（b）浮腿回收，手臂回摆；（c）双腿呈并拢，两臂贴身下垂；
（d）右脚着地，左臂向前内侧摆，右臂向后侧上方摆

（e）　　　　　　　　　　　　（f）

图 9.1.7　双蹬的摆臂（续）

（e）右腿支撑，左臂摆至前高点；左腿侧后摆，右臂后摆至后高点；
（f）右腿自由滑进，浮腿回收，双臂渐渐回摆

> **温馨提示**　先掌握连贯双蹬技术的动作，再学习摆臂动作。

5. 双蹬的完整技术

（1）当浮腿前摆动作后下轮着地时，稍稍向侧跨出并用外刃轮着地，即刻承接体重。

（2）侧蹬动作结束后，支撑腿立即向身体重心投影线方向收蹬，侧蹬腿收回成浮腿，同时做后引摆腿动作。

（3）当由外刃轮瞬间变内刃轮支撑向侧蹬动时，身体重心再次移向另一侧，完成收蹬腿的收蹬结束动作。

> **温馨提示**　要求每个技术环节紧密连接，动作准确到位；初期动作节奏不宜快、幅度也不宜大，随着掌握动作熟练程度的提高，再逐渐加快节奏与加大步幅。

二、弯道滑跑技术

弯道滑跑是高速圆周运动，由于离心力的作用，身体必须采取向左倾斜的姿势，而且身体的倾斜度必须与弯道半径、滑行的速度相适应。

（一）左脚支撑，右脚连续蹬地滑行

身体稍向前倾，两手臂自然放在腰部，身体重心放在左腿；左脚使用轮的外刃支撑滑行，右脚使用轮的内刃向侧蹬地；左脚支撑做向前弧线滑行，右脚蹬地后迅速靠近左

脚；右脚再做向侧蹬地动作，左脚继续使用轮的外刃做向前弧线滑行。左脚支撑，右脚连续蹬地滑行如图9.1.8所示。

（a）　　　　　　　　（b）　　　　　　　　（c）

图 9.1.8　左脚支撑，右脚连续蹬地滑行

（a）左脚支撑，右脚蹬地（正面）；（b）右蹬动脚回收靠拢左支撑腿；（c）左脚支撑，右脚再次蹬地（侧面）

> **温馨提示**　体会靠近内圆腿的支撑，由中刃轮慢慢过渡到外刃轮支撑，同时侧蹬腿不可滞后，蹬收要及时。

（二）圆弧上做不连贯的交叉步滑行

先在圆弧上做直道滑行，当左脚滑行稳定时，右脚完成向右侧蹬地后，向左脚左侧前方迈一步，右脚用轮内刃支撑滑行。圆弧上做不连贯的交叉步滑行如图9.1.9所示。

（a）　　　　　　　　（b）　　　　　　　　（c）

图 9.1.9　圆弧上做不连贯的交叉步滑行

（a）左脚支撑，右脚蹬地加速；（b）重心向左侧倾倒；（c）右脚离地跨越左支撑腿

> **温馨提示** 体会交叉步的重心移动，切不可做反向支撑。

（三）两腿动作配合的方法

以一侧腿的动作为例，其动作顺序是蹬地－收腿－着地。

两腿之间的动作配合：右脚开始蹬地，左腿开始收腿，右脚蹬地最大用力后，左脚轮着地；左脚开始蹬地，右腿开始收腿，左脚蹬地最大用力后，右脚轮着地。

> **温馨提示** 侧蹬腿不可后蹬，回收要快。

（四）摆臂与腿动作配合

蹬动腿的同侧臂向前摆，异侧臂向后摆，两臂摆至前后最高点时，蹬动腿蹬地动作结束，浮腿轮着地。两臂前后交替摆动配合脚蹬地、收腿、着地，构成完整的弯道滑行动作。

> **温馨提示** 弯道滑行时，身体重心比直道滑行略有下降，而身体倾斜要适度，速度越快则倾斜度越大。弯道滑跑时，左、右脚着地滑出方向始终是弯道圆弧的切线方向。在弯道练习时，重点在于身体重心的平稳交接，随着摆臂动作的加入，上体要保持平稳。

三、起跑

起跑是全程滑跑的组成部分，是获得滑跑速度及发挥战术的重要因素，特别是短距离项目中显得更为重要。起跑是使运动者在最短的时间内，完成从静止到移动并获得最大速度的过程。

起跑包括3个动作阶段，即站位（预备姿势）、起动和疾跑。

（一）站位（预备姿势）

站位（预备姿势）的主要任务是为快速的起动和疾跑做好准备及创造有利的条件。速度轮滑常用的站位（预备姿势）有T字式和正面八字式、侧向开立式等。现以正面八字式与侧向开立式起跑姿势为例，对其动作技术进行阐述。

1. 正面八字式起跑站位（预备姿势）动作要领

两脚成八字形站立，脚尖尽可能地外分，脚跟相对，前脚后轮顶住后脚第3个轮子的位置，两臂端起，取得有力的支撑。支点稳固后两腿深屈，臀部后坐，降低重心，静止1~2 s。正面八字式起跑站位如图9.1.10所示。

图 9.1.10　正面八字式起跑站位

（a）站姿；（b）屈膝下蹲；（c）右脚后移，稳固支撑

2. 侧向开立式起跑站位（预备姿势）动作要领

两腿开立，侧对前进方向，两脚与起跑线成 35°~45°，双脚开立宽度与肩同宽；双膝弯曲角度约为 110°，踝关节的角度约为 70°；前腿轮站位于起跑线后沿，两脚成平行状态；后腿用轮内侧支撑压住地面。两腿慢慢下蹲成微屈状态，重心投影点落在两脚之间稍偏前的位置；左（右）臂屈肘在前，右（左）臂打开贴近体侧。靠近起跑线一侧臂屈肘或自然下垂；异侧臂肩关节外展，适度屈肘，在体侧抬起；保持两脚轮相对静止不动，等待发令员的枪声。侧向开立式起跑站位如图 9.1.11 所示。

图 9.1.11　侧向开立式起跑站位

（a）基本站位（正面）；（b）基本站位（侧面）；（c）左脚外展，支点稳固

（二）起动

起跑的第一步为起动，也就是从起跑前的静到动的过程。起动的主要任务是在最

短的时间内做出反应，完成起动动作，并为疾跑阶段奠定基础。起动如图9.1.12所示。

起动动作要领：身体在保持站位姿势的同时，后腿照直后伸，后轮顶住，支撑牢固。

（三）疾跑

运动者迈出第一步，进入疾跑段，便开始急剧地切跑，蹬动腿全力向后方踏切式蹬地；两臂协调配合，屈臂短促有力地摆动。随着滑行速度的增加，逐渐转向侧方蹬地，两脚外转角度由大变小，步幅由小变大，姿势由高到低。当滑行速度接近或达到项目速度时，应及时调整姿势、节奏、呼吸等，自然过渡到途中的滑跑。疾跑如图9.1.13所示。

图9.1.12 起动

（a）   （b）

图9.1.13 疾跑

（a）右脚左臂配合（第一步）；（b）左脚右臂配合（第二步）

疾跑动作要领：身体直立起来，从上、向下、向后大幅度摆动，紧接着回摆，重心开始前移。当身体重心投影点超过前脚支点时，前腿以爆发性力量快速伸展蹬地，与此同时后腿用力前摆，脚尖外转，两臂短促有力地摆动。

四、冲刺

参赛选手在将要到达终点之前，是比赛决定胜负的关键，在身体处于疲劳状态下，要以顽强意志品质，发挥出最大的力量以保持合理的滑跑技术，滑完全程。

冲刺动作要领：在冲刺时两臂协调加快摆动，提高滑跑的频率，缩短单脚滑行时间，提高滑跑的速度。冲刺的距离长短，取决于参赛选手参加的比赛项目和自身的训练水平，参加比赛项目距离越长、参赛选手的训练水平越高，冲刺距离也就越长。当参赛选手在即将触终点线的最后一步，蹬动腿用全力，以最快的速度伸展蹬地，此时浮腿的大腿爆发性用力前跨，小腿前伸，完成前轮冲滑过终点线。冲刺如图 9.1.14 所示。

（a）　　　　　　　　　　　　　　　　（b）

图 9.1.14　冲刺

（a）箭步送轮；（b）冲刺触线

第二节　速度轮滑体能训练

一、速度轮滑综合性体能训练

由神经肌肉系统参与做功与输出功率构成了速度轮滑滑行运动中的技术动作。它不是单纯的速度，也不是单纯的力量与耐力，而是三者的组合体。它们在短、中、长三项距离不同的项目所体现的比值也是不一样的，由此构成了短、中、长三项不同项目的速度力量、速度耐力和力量耐力的结构特征。为了有效地提高运动者体能训练的针对性，选择和设计练习内容时，就必须与速度轮滑运动项目特点相结合，进行专门性体能训练和基本功动作训练。

速度轮滑属于周期性长、耐久力强的竞速运动项目，要求速度轮滑运动者具备更高、更强的技能水平与身体素质。随着国内对速度轮滑的认知水平逐渐提升，基础设施不断的完善，训练方法及途径的多样化，加速了我国速度轮滑运动者的身体素质以及技能水平普遍提高。那么如何能更好提高运动者的身体素质和技能水平早已成为在我国发展速度轮滑运动的重中之重。其中，解决周期短的训练模式成为发展速度轮滑运动的关键。

（一）速度轮滑技术的形成

它是一个需要磨炼的系统过程，学员需要经历以下 4 个紧密相连的教学过程：

（1）学习并掌握基本动作，奠定基本功基础。

（2）学习并掌握基本技术，奠定基本技术基础。

（3）学习并掌握运用技术，使各项目的技术更加规范化。

（4）形成符合自身特点的滑跑技术风格。

在此学习过程中，学员通过掌握牢固的基本功、规范的技术标准，循序渐进的、全面的技术训练使自己拥有独特的滑跑风格特点。

（二）基本功动作构成因素

（1）完成速度轮滑特有的滑跑姿势动作。

（2）完成参与相似或一致的主要肌肉群与速度轮滑动作所需的肌肉群练习。

（3）完成动作组合的结构与速度轮滑技术动作结构。

（4）完成动作的用力方法与速度轮滑技术的用力方向相同或类似的练习。

速度轮滑运动的各种基本动作与休闲轮滑的练习方法与手段基本相同，二者差别在于器材不同，这里就不再详细介绍了。

（三）体能训练

有氧训练、高强度间歇性训练、动感单车等项目可以作为提高运动者耐力素质的训练方法；器械训练可以提高运动者的肌肉力量。滑跑是速度轮滑耐力训练的重要手段。人体机能在进行运动时会产生识记功能与适应能力。长时间的训练后，由于时间的积累，人的机体会记住并适应机械性的跑步与滑跑训练，如此反复，机体会适应同样强度、同样的项目训练内容。因此，长期训练的运动者的耐力素质会得到有效的提高。另外，在进行有氧耐力训练时，运动者可以利用各种器械进行训练。例如，利用滚动跑台、皮筋牵引、自行车等器械进行可变换的有氧强度与项目的训练，使自身机体无法掌握其规律，从而提高耐力素质。运动者可利用高强度间歇性训练方法进行训练，也就是高强度间歇有氧训练。例如，利用自身重量在规定的时间内完成高强度次数与多组数的展体跳、立卧撑、高抬腿、深蹲等混合型动作。在一定时间内完成更多组数的训练，会让运动者拥有强大的心肺功能，获得更好的耐力素质。如果速度轮滑运动者经常变换训练强度的项目，其耐力素质则会得到显著提高。

1. 力量训练

速度轮滑运动是全身性的运动，需要全身肌肉的配合去完成速度轮滑的动作。加强臂力训练会使运动者增强摆动惯性力，增加蹬地力量；腿部力量训练会增加运动者的爆发力、冲刺能力与短冲能力；核心力量的增长会稳定身躯并保持平衡。然而，在速度轮滑的训练中，大多数项目训练只注重腿部训练，很少注重臂力与核心力量训练。其训练内容也较为单一，大多数以蛙跳、箭步走、静蹲等为训练手段。自重力量训练只对肌肉的保持有较大的作用，但是对肌肉力量的增长却不明显。由于上肢肌肉主要由三角肌、肱二头肌和肱三头肌组成，所以在进行上肢训练时应分别对各个肌肉部位进行有计划的训练。例如，运动者可以利用哑铃和杠铃等器械，进行坐姿杠铃与哑铃的向上推举来训练三角肌；利用哑铃进行坐姿弯臂举来训练肱二头肌；利用杠铃进行窄握卧推来训练肱三头肌，从而加强整个手臂的肌肉力量。利用杠铃和史密斯架做深蹲与箭步蹲能很好地训练大腿肌肉力量，增强爆发力。在进行小腿肌肉训练时，采取各种负重训练进行提踵，能有效增加小腿力量，并增强小腿对脚踝的控制力。训练核心力量的原则是要使许多肌肉协调做功，以保持人体的正确身体姿态，但人体的躯干肌肉尤其是腰部肌肉最易受损，因此在训练核心力量时不宜直接上大重量的训练，应循序渐进。

2. 耐力素质

耐力素质训练可以改善和增强运动者的心肺功能。速度轮滑比赛项目分为短距离竞速与长距离马拉松竞速，这两个比赛项目无一不要求运动者要拥有强大的心肺功能，因此运动者必须进行科学的耐力训练。长距离马拉松项目对运动参赛者的耐力素质要求更为严格，其是以有氧代谢为主的运动项目，因此有氧供能是训练的重点。肌肉的有氧代谢可以分为有氧强度和有氧耐力两个方面。利用体能训练的耐力训练方法，如长跑、自行车、游泳等项目进行有氧训练，可以不断改善运动者的有氧代谢能力，使运动者肌肉中的毛细血管增加，扩大氧和能量物质的代谢面积，促进血液循环，从而提高运动者的心肺功能。

3. 速度素质

在速度轮滑比赛中，速度是关键。克服自身体重的肌肉收缩速度取决于肌肉力量的无氧能力。腿部力量是完成速度轮滑比赛的关键。运动者在进行滑跑时会通过摆臂来控制腿部动作，利用体能训练中无氧训练的方法对上肢力量进行训练，可以增加两臂的摆动惯性力，并有效地作用于蹬地点，增加蹬地力量。速度轮滑是一项全身性的运动，核心力量（也是躯干力量）在运动中将会连接身体各个部位的肌肉力量，使上肢与下肢肌肉配合起来，提高肌肉的工作效率，从而提高运动参赛者的运动能力。

4. 柔韧素质

速度轮滑运动对运动者的柔韧性要求甚高，运动者的柔韧性将直接影响动作完成的质量与身体协调性。只有柔韧性好，身体保持了平衡，肌肉的拉伤概率才能降低，才能减少运动损伤，提高运动成绩。提高柔韧性的训练方法一般可采用压、拉、甩、踢、搬等手段。例如，利用瑜伽垫和体操架做体前侧屈、弓步、背弓、向后拉伸肩等练习。

柔韧性训练是速度轮滑中必不可少的重要环节。肌肉、肌腱、韧带和关节的弹性往往与速度轮滑运动员柔韧性的好坏相关联。柔韧性的好坏决定关节的灵活性与肌肉的放松能力。柔韧性好的运动员能增大动作频率以获得滑跑速度。柔韧性在很大程度上与协调性成正比，协调性是决定运动者成绩的关键因素之一。动作僵硬和柔韧性下降会导致协调性变差，从而影响整个轮滑动作完成的质量。掌握体能训练中柔韧性的训练方法，采取有针对性的训练方法，能够提高运动者的柔韧性及协调能力，有利于运动选手在日常训练中较容易地领悟各种动作要领，提高运动成绩。

此外，在速度轮滑身体素质训练时对心理素质有一定的影响。在参加重大比赛期间，运动参赛者往往会因为各种原因出现许多心理问题，如紧张、情绪低落、出冷汗、产生疲劳感等，这恰恰反映出参赛者的心理素质较差，对自己不自信等问题。除去日常训练外，应在平常多进行体能训练，增强与人交往的能力，消除紧张感，提高心理素质。通过在健身房锻炼会让运动者对自己有一个客观积极的评价，使自我感觉良好。

速度轮滑运动者提高身体素质以及技能水平应建立在熟练掌握速度轮滑的专项基础上，加强对身体素质的训练，才能够取得好的训练成绩。体能训练在一定程度上能极大地提高速度轮滑运动者的心肺功能、力量素质以及柔韧素质，训练方法安排得当，会使运动者的训练水平得到大幅度的提高。但值得注意的是，运动者在进行负重训练时，如果训练方法不合理、不听从教师安排、器械使用不当及个人疏忽等，可能会对学生或运动者造成或大或小的损伤。身体素质较差的学生或运动者进行长时间的体能训练，可能会产生疲劳感，甚至会影响自身的训练水平。

进行体能训练时一定要进行系统、周密地安排，把握好练习内容与强度的比例关系，不能随意地进行。训练形式一定要丰富多彩，以便让受训者提高练习的兴趣及积极性。体能训练与速度轮滑运动相辅相成，应制订好科学有效、合理的运动计划，为提高运动成绩打好坚实的基础。运动者在利用器械进行大重量或复杂训练时一定要听从教练的安排，不能盲目地训练，以减少不必要的运动损伤，从而收到更好的训练效果。运动员在训练时以积极的态度去对待，不能消极怠慢，可更好地提高训练成绩，提高自信心。速度轮滑运动员在训练后如果出现疲劳感、精神萎靡不振等情况，就应该降低身体训练的强度并且尽可能地补充身体所需的能量，做到睡眠充足，以便尽快恢复。

（四）体能训练计划周期安排

速度轮滑运动者的体能训练计划包括多年训练规划、全年（大周期）训练计划、中周期训练计划、小周期训练计划、周训练计划、日训练安排和教案（计划）等形式。这里我们主要介绍课时计划（教案）。

首先确定轮滑教学训练课的性质及任务。课时计划由 3 个部分组成，即准备部分、基本部分和结束部分。

准备部分主要是做准备活动和提出要求。

基本部分是教学中训练课的主体部分，一般分为前半部分与后半部分进行教学训练，中间有一定时间的课间休息。具体教学训练内容应与课的任务相呼应，标明完成练习的具体要求和组次间的间休时间、动作间的间歇时间等。例如，属技术训练内容，则应提出技术标准化要求等，课程的负荷变化以由小到中再到大为宜。

结束部分主要是进行放松性整理活动。

二、速度轮滑专门性体能训练

体能训练是掌握各项体育运动项目的必要基础条件。陆地专门性体能训练则是各专项训练的基础，在练习双蹬技术时要有针对性地选择具体练习动作与教学手段。

速度轮滑运动者学习双蹬技术，应具以下两个条件：一是扎实的速度轮滑技术基本功；二是拥有强大的动态支撑平衡控制能力与对滑轮的"动感"。神经与肌肉协调能力决定了身体运动的速度，而速度与力量这两种素质主要是推动身体运动。滑行过程中快速有力的动作有利于快收肌纤维的增加，对提高速度力量起到巨大作用。在练习中需要加强提高双腿向外侧倾斜支撑的平衡性，促进双腿参与向内收回和蹬推的完整动作，及各肌肉群之间的动力性练习方式。

（一）陆地专门性体能训练

1. 原地单腿负重向外倾斜蹲起

准备工作先将腿部佩戴好沙袋或穿好沙袋背心（重量与练习的选择顺序是小、中、大），速度轮滑基本姿势准备式，支撑腿向身体的外侧倾斜控制支撑点，另一条腿侧蹬后为浮腿放松置于体侧并慢慢抬起离地（离地高度由低变高，根据自身腿部力量的控制能力来决定，在保证身体的稳定性前提下，再加大高度），左腿与右腿交替完成蹲起练习。

> **温馨提示** 支撑点要保持稳定，不要倾斜角度过大，需要控制好向外的倾斜角度，确保支撑腿侧倾与侧蹬腿抬离地面二者的稳定性。随着腿部力量的增强以及动作熟练程度的提高，可逐步加大动作的难度。

2. 摆腿前跳

准备姿势，速度轮滑基本姿势，即动作初始期，左腿在后、左臂在前，右腿在前、右臂在后，膝关节弯曲呈90°，上体位于右大腿正前方。左（后）腿蹬地用力起跳向前，右臂前摆，右（前）腿回收着地时，左臂后摆，左腿在前，右腿在后。

> **温馨提示** 快速的摆腿前跳动作要求参与工作的各肌肉群之间收缩与放松交替进行，促进收缩肌肉的高度协调。

3. 屈腿走

速度轮滑弓箭步蹲屈准备姿式，即右（左）腿在前，左（右）腿在后微屈膝脚尖触地。当左（右）腿带动身体重心由后位向前移动提拉时，右（左）腿同时配合左（右）腿向前屈膝移动，促使左（右）腿向前收摆，落地支撑，双脚呈前后弓箭步换位屈膝走。

> **温馨提示** 需要注意的是左（右）腿落地点应在右（左）腿的外侧，向前外倾斜成左弓箭步，右腿屈膝步；弓箭步原地蹲起练习可以提高腿部力量与自控力。

4. 弯道左右交叉步

准备姿势，速度轮滑基本姿势：当左腿向腹部收起时，右腿蹬地，左腿向左侧跨并落地支撑，右腿向左腿侧后交叉蹬地成为右交叉步；当右腿回收向右移动跨越并落地支撑的同时，左支撑腿蹬地随右腿向右侧跨越蹬向右腿的侧后方，蹬地成为左交叉步。反复交替练习。

> **温馨提示** 前支撑腿蹬地的力量促进后侧蹬动腿加大向侧跨越的距离，同时需要注意保持上体的稳定性。随着动作的熟练性与协调性提高，可配合摆臂练习。左交叉步的摆臂是右臂屈肘小臂自然前摆，左臂贴近体侧摆向左后方；右交叉步的摆臂是左臂屈肘小臂自然前摆，右臂贴近体侧摆向右后方。

5. 弯道（抗阻性）牵引滑行模仿

准备工作，即二人互相将牵拉皮筋系于腰部或将皮筋一端系在固定体上等。弯道陆地牵引滑行的动作模仿，即左（右）腿支撑向右（左）倾斜、左（右）腿向侧蹬，右（左）腿收回腹部向侧向右（左）移动落地支撑，左（右）腿跨越在右（左）腿的右（左）侧前方落地支撑，完成弯道右（左）交叉压步的滑行模仿动作。由始至终保持基本姿势向右（左）倾斜状态，蹬动腿的蹬地动作与（浮腿）回收腿动作要同步，蹬地动作强而有力，浮腿需要尽量处于放松状态。

> **温馨提示** 弯道牵引交叉步的动作幅度由小逐渐加大，在熟练掌握动作后动作频率再逐步加快；随着动作的熟练性提高，再进行弯道牵引滑跳练习（循序渐进、切勿急躁）。

6. 腿部（抗阻性）牵引橡皮筋做内收（前收）动作

准备工作，即将橡皮筋一端系于固定物上，另一端橡皮筋绑在收拉腿的脚踝处，成速度轮滑基本姿势。首先将支撑腿保持稳定的静力状态，收拉腿呈直腿或稍屈膝抬起位于体侧；然后收拉腿从远离支撑腿处向支撑腿的方向用力拉收并拢，直至超越支撑腿，成收拉腿在前、支撑腿在后状态，再放松将收拉腿恢复起始姿势。双腿交替进行。

> **温馨提示** 根据腿部肌群的薄弱点来选择练习的方法，即可选择双腿侧向站位（内收腿）或者前后弓步站位（前收腿）拉伸练习。此练习可加强腿部内侧与外侧小肌肉群的力量、支撑腿静力支撑控制力、蹬收腿的爆发力量。

7. 单腿向内（向外）倾斜连续蹬跳

身体呈速度轮滑基本姿势。首先左（右）支撑腿向右（左）内倾斜，右（左）浮腿屈膝充分放松于体侧抬起；然后当左（右）支撑腿加大向右（左）倾斜达到破坏平衡程度时，借助于倾倒的惯性与腿部肌肉爆发加速来完成内侧边倾倒边蹬跳动作。动作需要连贯，双腿交替进行（单腿向侧（内或外）可做 3 次、6 次、8 次，以此类推递增或 8 次、6 次、3 次递减方式练习）。

> **温馨提示** 身体需要放松，否则会由于身体过于僵硬而导致无法起跳，倒向重心倾倒面而受伤。身体始终保持蹬动腿起跳时的侧倾倒，动作连贯，重心倾倒与蹬地和起跳同时进行，不可有停滞现象。

8. 原地双腿交替向上蹬跳落地接向外倾斜跳

身体呈直立或者滑跑基本姿势。一条腿支撑重心，另一条腿在体侧后摆前收，支撑腿向上蹬地跳起，摆动腿在空中向跳起腿靠拢，落地的同时身体重心向外倾斜借着惯性蹬地起跳。原浮腿（放松腿）着地呈新支撑腿，原起跳腿在体侧呈浮腿。

温馨提示　向上起跳，尽量大腿往腹部靠拢；落地外倾斜起跳，需要动作间衔接好，加大蹬地力量（动作稳中求高质量）。

9. 弯道左右交叉蹬跳

身体呈左侧交叉（或者右侧交叉）弯道滑跑姿势。首先左腿呈蹲屈支撑腿，右腿向左侧蹬伸起跳；然后右腿呈蹲屈支撑腿，左腿向右侧蹬伸起跳。以此交替进行。通过加大蹬地的力度和倾斜的角度，以及提高身体重心控制稳定性，促成交叉跳跃距离的增加，展现自身综合素质的强大。

温馨提示　弯道左右交叉跳动作需要支撑腿的伸展肌、平衡性与爆发力、动作的准备期与工作期的有效衔接，能促进身体与动作的协调配合，使静力支撑能力与肌群的爆发速度等能力得到有效增强。

（二）滑行体能训练

1. 有氧耐力与变速耐力训练方法

在整个滑行过程中心率应保持 145～175 次/min 的水平，通过循序渐进的原则增加滑行距离，提高滑行速度能力与腰肌力量。训练方法范例如下。

1）有氧耐力训练方法

（1）50 圈，匀速滑行。

（2）60 圈，中等速度滑行，中间允许任意休息一次，时间不超过 2 min。

（3）90 圈，5 圈中速滑 +5 圈快速滑 +5 圈轻松滑，重复 6 组。

（4）120 圈，每个第 10 圈用长距离比赛的速度滑。

（5）130 圈，中等速度滑行，中间允许任意休息 2 次，每次休息时间不超过 2 min。

2）变速耐力训练方法

（1）20 圈×6 组，组与组间歇匀速 3 圈。变速滑行（直道与弯道变速；一圈快与一圈匀速滑；半圈加速与半圈匀速滑）。

（2）阶梯式变速滑行 1 000 m 快 +1 000 m 慢 +800 m 快 +800 m 慢 +600 m 快 +600 m 慢 +500 m 快 +500 m 慢 +300 m 快 +300 m 慢 +100 m 快 +100 m 慢 +300 m 快 +300 m 慢 +500 m 快 +500 m 慢 +600 m 快 +600 m 慢 +800 m 快 +800 m 慢 +1 000 m 快 +1 000 m 慢。

（3）50 圈×2 组，组与组间歇 4 min。第一组：每个第 10 圈快速滑 500 m。第二组：3 圈加速滑 +1 圈匀速滑 +2 圈加速滑 +1 圈匀速滑 +1 圈加速滑 +2 圈匀速滑。

（4）30 圈×3 组，组与组间歇 3 min。6 圈匀速滑 +5 圈中速滑 +4 圈快速滑 +5 圈匀速滑 +4 圈中速滑 +3 圈快速滑 +3 圈匀速滑。

（5）10 圈×5 组，组与组间歇 2 min。直道放松滑，弯道加速滑。

2. 长间歇与短间歇训练方法

长间歇练习应以激发机体有氧代谢能力为主，提高自我的竞技能力，心率控制在 180 次/min 以内。短间歇练习使练习者体内血液输出量达到最大程度，其心率强度需达到 180 次/min，是培养其速度感的最佳训练方法。训练方法范例如下。

1）长间歇训练方法

（1）15 圈×8 组，组与组间歇匀速 3 圈。

（2）12 圈×10 组，组与组间歇匀速 2 圈。

（3）10 圈×12 组，组与组间歇匀速 2 圈。

（4）8 圈×10 组，组与组间歇匀速 1 圈。

（5）80 圈，分成 10 圈、20 圈、30 圈和 20 圈滑，每组间歇 1 圈。

2）短间歇训练方法

（1）1 圈×20 组，组与组间歇匀速半圈。

（2）600 m×10 组，组与组间歇匀速 300 m。

（3）400 m×15 组，组与组间歇匀速 200 m。

（4）800 m×6 组，组与组间歇匀速 1 圈。

（5）300 m×5 次×6 组，组与组间歇匀速 2 圈。每组中的次与次间歇 100 m 或 200 m。

（三）双蹬技术滑行专项体能训练

前面所学的技术都是为双蹬技术的教学做铺垫，只有在熟练掌握滑行的基本功情况下，才能更好地学习不同轮刃的支撑滑行动作，有效促进双蹬技术动作的快速、准确掌握。

1. 外刃轮支撑滑行

首先身体保持轮滑基本动作，加速获得一定的滑行速度；然后双脚踝对称向外倒，双脚使用外刃轮来支撑，保持速度轮滑基本蹲姿，利用惯性速度直线滑行，停止后再次加速重复练习。双蹬技术教学中首先需要把滑行的基本功熟练掌握，才能更好地学习不同轮刃的支撑滑行动作，有效促进双蹬技术的快速掌握。

> **温馨提示** 分清楚内、中、外刃轮；脚踝力量弱的选手，可先练习中刃轮支撑再过渡到外刃轮支撑，培养滑行者的外刃轮支撑滑行的肌肉感觉；在获得滑行速度后，需要双脚保持外刃轮支撑，提高滑行者对外刃轮支撑滑行的能力。

2. 外刃轮蹬收滑行

首先身体是指速度轮滑准备姿势，加速获得一定的滑行速度；然后双脚踝对称外倒，外刃轮支撑，双脚并拢有一拳间隔，同时向外侧蹬出，并保持外刃轮支撑滑行；最后当蹬开的宽度宽于肩时，外侧肌群蹬地将双脚向回收拢（内弧线形路线），始终保持外刃轮支撑。

> **温馨提示** 在沿直线连续完成外刃轮蹬收滑行时，双腿需同时蹬与同时收，身体重心保持平稳，不起伏。

3. 内刃轮蹬出与外刃轮收回的滑行

首先身体是指速度轮滑基本姿势，滑行并逐渐加速；然后当获得速度时，双脚中刃支撑，双脚踝同时内倒向外侧蹬推，两脚略宽于肩时，双脚踝过渡到中刃快速倒向外刃支撑，再同时向内回收（外刃回收过渡到中刃支撑）至双脚踝有一拳的间距为止。

> **温馨提示**　掌握中刃、内刃与中刃、外刃和中刃的直线滑行轨迹，双腿始终需要同时蹬出与同时收回。中刃支撑则为刹那间过渡到内刃或外刃起到调控作用，让重心保持平稳，提高腿部与脚踝内侧与外侧肌群的蹬推与收回力量。

4. 中刃轮支撑一字形滑行

首先身体是指速度轮滑基本姿势，滑行并逐渐加速；然后当获得一定的滑行速度时，左脚（右脚）在前，右脚（左脚）在后，重心在前脚的后半部与后脚的中部，保持中刃呈一字形支撑向前滑行。

> **温馨提示**　身体保持稳定，先练习一侧左（或右）脚在前，右（左）脚在后的一字形支撑。在动作熟练后，在行进间可变换位置进行一字形支撑。左前、右后与右前、左后的支撑位置，确保双轮蹬推与回收动作始终不离地。在变换位置支撑的过程，逐渐加力，获得支撑距离的延长。

5. 外刃轮支撑一字形滑行

身体保持速度轮滑基本姿势，滑行并逐渐加速；然后当获得一定的滑行速度时，左（右）脚外刃轮在前，右（左）脚外刃轮在后呈一字形支撑滑行。

> **温馨提示**　身体保持稳定，始终用外刃轮支撑，其他要领与中刃轮一字形滑行是相同的，体会支撑刃变化的不同点。

6. 双脚交替换刃轮支撑一字形滑行

身体保持速度轮滑基本姿势，滑行并逐渐加速；然后当获得一定的滑行速度时，使用内刃轮同时蹬推滑行和外刃轮同时回收的滑行动作。当双脚首先用外刃轮支撑内收到接近重心投影线时，两脚需要前后站位用外刃轮支撑呈一字形滑行；然后双脚踝倒向内侧，使用内刃轮同时蹬推滑行与外刃轮同时回收的滑行动作，双脚踝接近身体中心线时，调换两脚的前后位置。

> **温馨提示**　身体保持稳定，掌握好刃轮支撑变换的时机，使两脚的变位更加准确，身体重心始终保持中后轮位置。

7. 双脚正 S 形滑行

首先双脚平行支撑，双脚在屈膝蹬地时同步做右脚（左脚）用外轮刃支撑与左脚

（右脚）用内轮刃蹬地的动作，即可滑出半弧；然后再向相反的方向做上述动作，又会滑出一个半弧，两个半弧连接成 S 形的正向滑行动作。滑进过程中，身体重心稍向后移，上体微前倾，便于刃的转动 S 形滑行。

> **温馨提示**　力量由上向下传递，外刃轮与内刃轮相配合。

8. 单腿弓步 S 形滑行

在滑进中，右（或左）腿成前弓步支撑，左（右）腿稍弯曲，脚尖触地，右腿下压外旋使用外轮刃滑外旋半弧，接着挤压内轮刃滑内旋半弧；左腿始终跟随右腿的滑行轨迹滑行；构成完整的 S 形滑行轨迹。

> **温馨提示**　由于每个人的腿部力量都是有所差别的，且高水平选手腿部力量的差别会更小，所以在选择练习单腿弓步 S 形滑行时，应加强力量比较薄弱一侧腿进行练习，提高腿部力量与自控能力。循序渐进，逐渐加大弓步支撑腿的内、外刃的蹬地力度。

9. 单腿 S 形滑行

首先右（左）腿支撑，左（右）腿离地靠拢支撑腿成浮腿；然后右（或左）腿支撑碾压外刃轮滑半弧即刻碾压内刃轮滑内旋弧，完成完整的单腿 S 形滑行轨迹。身体重心偏后，便于支撑腿的前轮进行内外旋转方向。

> **温馨提示**　浮腿（放松腿）的位置需要靠拢支撑腿，避免破坏身体重心的稳定性，同时协助支撑腿一起快速调整身体的平衡。

第十章

轮滑运动游戏

第一节　轮滑运动游戏的教学原则

在轮滑运动教学工作中，遵循的基本准则为轮滑运动游戏教学原则。它是长期教学实践经验中的总结，同时也是对教学工作客观规律的反映。正确理解和运用轮滑游戏的教学原则，还应遵循自身的特殊原则，不仅可以有效提高教学质量，还能加快教学过程。它主要包括以下几方面原则。

一、教师主导性原则

教师在课中的驾驭引导与指导作用即为教师主导性原则，并体现在以下几个方面。

（1）有效地组织游戏，调动学生各组符合游戏规则的需要，对出现在游戏中的不正常行为进行管理，确保游戏的安全进行。

（2）正确指导学生进行游戏，纠正游戏中的问题。

（3）游戏是一种娱乐，寓教于乐。在轻松愉悦的氛围中运动，身心放松，能快速调动学生们运动的积极性。

（4）游戏结束的时机需要掌控好，游戏的时间与数量多少最佳，教师需要从运动的内容、运动负荷量、学生们的体质、情绪等情况进行综合评价，来选择最适宜的时机结束游戏教学。

在很多情况下，需要教师有意识地去营造这种氛围，使学生们更加投入到游戏中，获得更好的锻炼效果。营造适宜的游戏氛围是游戏教学中的一种教学艺术，经验丰富的教师会使用以下方法来达到其教学的目的：

（1）教师本人与学生运用口号、语言及掌声方式鼓励学生们，促进学生们在游戏中更加努力，获得更好的战绩，同时也有效地从精神上激励与支持学生们大胆地参与到游戏中来。

（2）游戏的奖罚措施在一定程度上营造和增加了游戏的激励与紧张氛围，提高了学生们投入游戏的热情。

（3）教师与学生们一起做游戏，奖罚同等，学生们会想方设法战胜老师，会感受到教师的一种亲和力，减少了自身的紧张与羞涩心理。

二、教育性原则

游戏教学中必须普遍遵循教育性原则。德育、智育和体育统称为教育。这里的教育性原则是专指思政教育，而在游戏教学中始终贯穿教育性原则则是要求教师在教学中不要忽视学生们的思政教育。在轮滑运动游戏教学中，教师应将思政教育的元素与游戏教学巧妙有机地结合在一起。教师运用自身的智慧让学生有一种不同的体验，重在从学生的角度出发，激发学生内在的激情，激发学生的爱国热情。同向同行，理论与实际相结合，找到自己努力的方向，前进的方向，能够从国家的发展、党的要求与自己的成长之间找到一个很好的结合点。家国情怀、责任担当，身体素质是健康的基石，健康的身心是基础，只有自己参与到实践中才更能体会到运动带给自己的无穷乐趣，只有"快乐体育"才能"终身体育"。

（一）培养遵守规则

学生从主观意识上认为做游戏就是玩，不重视遵守游戏规则，导致学生在游戏的过程中受伤而难以进行。教师在游戏过程中应严格执行游戏规则，使学生养成遵守规则的好习惯。这样既能对以后游戏教学的开展形成良好的开端，同时又能培养学生遵纪守法的良好品德。

（二）培养集体主义观念

学生们的成长环境不同，来自不同的城市与专业，彼此缺乏相互沟通与了解。通过轮滑运动游戏的教学有意识地启发学生，不应排斥与他人的交流，个人服从集体，克服外在因素与内在因素的干扰，发扬团结合作、互相鼓励，共同的目标使团队拥有了战斗力和凝聚力，才能共同争取游戏的胜利。在游戏教学中潜移默化地对学生进行集体主义教育。

（三）培养意志品质

在轮滑运动游戏教学中，学生需要克服自身的心理恐惧因素。穿着轮滑鞋做游戏本身就是一种极限挑战，且有些游戏有较大的难度需要越过障碍。轮滑游戏本身就带有一定的危险性。有些游戏则需要学生运用体力的同时运用智慧方能获胜，即使知道不会赢，也会竭尽全力去完成它，从而获得赢的机会，爱拼才会赢。选择逃避的方法，就意味着是把获得胜利的机会拱手让人。轮滑运动游戏的内容丰富多彩，融知识性与技巧性、趣味性与竞争性于一体。这足以证明，轮滑游戏教学可以培养学生勇敢、顽强、机智、克服困难、勇于挑战自我、越挫越勇、永不言败等优良品质。运动锻炼了自我的内心强大，对每一位同学日后的学习与工作都会有很大帮助。在轮滑运动游戏教学中，教师要重视贯彻对学生思政教育的引导，从思想上真正建立中华民族自强不息的精神，利用教学中的各种机会宣传体育强国，从我做起！

三、锻炼性原则

轮滑教学游戏的主要目的是调动学生运动的积极性，发展学生体能的综合素质。锻炼性是轮滑运动教学游戏最基本的特征。作为教师应谨记锻炼性原则，运用游戏教学手段达到娱乐性，其目的是锻炼身体的综合能力，做到在较短的时间内取得较大的锻炼效果。在选择轮滑运动游戏以及在组织轮滑运动游戏教学时，都要考虑游戏运动负荷量的大小与对学生的锻炼作用，不应为了满足学生们的兴趣和情绪而忽略了锻炼学生身体与思政教育的任务。

四、趣味性原则

轮滑运动游戏的教学尽管不是以趣味性为目的，但是如果在轮滑运动游戏中缺乏趣味性，将从本质上失去对学生的吸引力。趣味性是轮滑运动游戏中一个不可缺少的因素。如果一个游戏中没有了趣味性，学生就不愿意参加。为了提高轮滑运动游戏的趣味性，教师应根据本班学生的特点特征与身体素质、技术水平，在游戏的情节、竞争性、动作组合的设计等方面多下功夫。不然学生即使为了服从教师的指挥而勉为其难参加，也没有激情，达不到应有的运动锻炼效果。因此，在轮滑运动游戏的教学中，教师应想方设法构思、设计在轮滑运动游戏中增加游戏的趣味性，以此保证游戏的娱乐功能，从而间接地保证游戏的锻炼性及教育性。

第二节 轮滑运动游戏的教学方法

一、轮滑运动游戏的准备工作

轮滑运动游戏的准备工作主要包含教学的形式、场地与器材等方面。

（一）教学的形式

轮滑运动游戏与轮滑教学的任务尤其是每次课的具体任务紧密相关。轮滑运动游戏的教学形式主要有以下几种：

（1）集中专注力游戏。集中学生的专注力其目的是为了上课做好准备。应采用具有一定智力活动配合的趣味性较强、要求协调性较高、运动负荷较小的练习，安排在课的开始部分。

（2）准备活动游戏。采用的练习有人体基本活动能力的动作、轮滑基本技术动作练习等，使身体得到一般活动，避免发生运动损伤，其目的是热身。运动负荷中等，安排在课的准备部分。

（3）轮滑技术游戏。运用轮滑的基本技术动作作为素材的游戏教学。例如，摆臂、起跑、双脚支撑、单脚支撑等，其主要目的是复习这些技术动作。一般安排在课的准备部分或基本部分教学内容中。

（4）轮滑运动战术游戏。将速度轮滑运动的基本战术作为素材进行游戏，如速度轮滑个人项目战术游戏、追逐滑战术游戏等。其主要目的是复习与强化这些战术动作，一般安排在课的准备部分或基本部分的教学内容中。

（5）轮滑滑跑技术的力量素质游戏。该项目以增强学生身体最主要的 7 个肌肉群的力量素质练习为目的，采用分队接力或个人赛的形式，如跳起拍膝、俄罗斯舞蹈、穿越山洞、推车人、拉车人等。一般安排在课的基本部分后部。

（6）放松游戏。该项目使学生们的身心在运动后达到放松的目的，由运动状态逐渐过渡到安静状态。应采用趣味性较强、运动负荷较小的游戏进行教学，安排在课的结束部分。

（二）场地与器材

场地的设计应根据参加游戏的人数多少与游戏内容所活动的范围大小和器材的摆放位置来确定的。器材的摆放也应在游戏教学实践前来完成，教师亲自体验场地的布局与器材的摆放位置是否合理，便于提前发现问题及时解决。同时，需要考虑到学生们游戏的安全因素，根据具体的实际情况进行合理安排，确保轮滑运动游戏教学任务的安全完成，这是达到游戏教学预期效果的必备条件。准备游戏场地与器材时应注意以下环节：

（1）场地的安全性。教师提前到场地检查，清除场地的碎石与树枝等（如有雨水必须及时清除），避免场地的原因导致学生受伤；场地的设计必须距离建筑物体有一定的距离，避免学生撞伤。

（2）清楚场地的界线。游戏场地中的所有界线与游戏中的犯规及胜负的评判是密不可分的，场地上必须把各种点、线（如起点线、中线、折返线、终点线、边界线等）都要标识清楚，特别要注意的是穿着轮滑鞋做游戏，外围的空间必须加大延长，给足学生出界滑行的距离，以此保证学生的安全。

（3）游戏器材的选用。根据参与游戏的学生具体情况以及游戏的设计内容等综合考虑来选择使用哪种器材更适合，更能有效地达到预期的效果。学生在滑行过程中很难掌控躲闪、急停、急转等（这与自身滑行技术的水平相关联），因而器材前期可选择没有危险性的软体球、软体桩、障碍杆等，后期可选用篮球、轮滑球与杆、敏捷梯等。

二、轮滑运动游戏的组织与教法

在轮滑运动游戏教学中，组织工作做得好，对于游戏教学中产生的锻炼效果与学生们的激情、裁判工作和游戏安全等都会起到事半功倍的作用。教师的责任心至关重要。

（一）轮滑运动游戏的组织工作

根据游戏内容需要进行不同的分队比赛，分队时应注意以下事项：

（1）人数均等、实力相当。各队的人数均等是游戏教学的最重要一条规则，而每队人数的多少也取决于游戏强度、气候等综合因素。按身高站位，报数再决定奇数与偶数多少来划分，在此基础上，根据整体的技术、身体素质等方面，教师进行个别调整，使各队实力大致均等。

（2）选择队长、男女均等。队长选择的好与不好，直接影响到游戏的成功与否。选择比较机敏、身体素质比较好、组织能力强、责任心强的同学当选，可以采用教师指定、学生推荐、学生自荐等方式方法。

（3）按照游戏规则及时处理犯规现象。在做游戏时，学生会把游戏教学认为就是玩，对待游戏规则也并不像对待其他规则那样重视，犯规现象经常出现。如果游戏中的犯规，不能按照规则及时妥善处置，则会导致学生无视规则，裁判无法判决，致使游戏无法进行。对于游戏中的犯规，教师从一开始就要严格裁决，让学生明白"犯规必罚"，从而使学生养成良好的游戏行为规范，使游戏教学顺利、安全地进行。

（4）掌握好游戏的时间与运动负荷。结束游戏应根据游戏教学的现场具体情况而决定。游戏的运动负荷过小，对学生的身体锻炼起不到作用；运动负荷过大，容易导致机体疲劳而发生运动损伤。从娱乐角度来讲，考虑学生兴趣与自身情绪的同时，也要顾及后续的教学内容，在不影响教学任务的前提下，游戏时间可延长但不宜过长，不要做到尽兴才结束。教师需要根据游戏教学场上的具体情况来决策。

（二）轮滑运动游戏的教法

（1）正确引导。教师的站位选择尤为重要。学生的站队，如横队、纵队、半圆队形等，教师应先调整学生的合理站位，再选择自己的站位，便于讲解时学生都能听到与看到的最佳位置。

（2）讲解顺序。按照游戏的名称→游戏的队形分布→游戏的方法（过程）→游戏的规则和要求进行讲解。根据游戏内容的不同，进行集体或分队竞赛游戏。每队的队长与每一位学生都必须清楚游戏的方法与规则，避免同学不清楚游戏中的细节，而导致滑行路线错误、发生碰撞等一些安全性问题。

（3）游戏的示范。语言的讲解并不能使学生完全理解，因而可以通过直观的示范教学，让学生清楚游戏的方法与动作要求，调动学生的情绪，全身心投入到游戏中。

（4）游戏的结束工作。包含游戏小结和整理器材两项工作。游戏结束后及时进行小结，表扬为主并提出不足之处，表扬并鼓励学生们在游戏教学中的团结合作、技术与战术的运用、勇敢顽强的精神等，为下次的游戏做准备，同时组织学生整理好器材，安排好归还器材的同学。

第三节　轮滑运动游戏的内容与方法

一、模仿动作

（一）游戏的方法

学生前、后、左、右间隔 1.5 m 的距离站位，教师选择中间站位，听教师发出的动作口令，学生在原地模仿做出相反口令的各种动作（如屈膝→直立、直立→屈膝、蹲下→站起、站起→蹲下、后摆臂→前抬臂、前伸臂→后伸臂、左臂前摆与右臂后摆→右臂前摆与左臂后摆、移动重心（左→右、前→后））等有关速度轮滑基础动作。

（二）游戏的规则

（1）模仿者在原地做动作。

（2）模仿者在 3 s 的时间内未能模仿动作到位为违规者。

（3）同学之间不可互相提示。

（4）每次违规的同学自动在原地做蹲起 5 次，做完之后再直接加入到游戏中。

（三）游戏教学中的建议

（1）游戏初期，学生对动作生疏，口令速度不宜快。随着学生对动作的掌握程度熟练，口令速度随之加快。

（2）可根据当次课的教学内容即将教授的技术动作导入游戏，使学生对技术动作有所认知。

二、推车接力

（一）器材

5 个中障碍桩；5 个障碍杆。

（二）游戏的方法

两人一组，根据班的人数可分为 3 个队或者 5 个队；前面的同学采用轮滑蹲屈姿势（双手臂左右交叉放在大腿的上方，以此核心点来支撑自我身体的重心，掌控平衡，双脚开立与肩同宽支撑不进行滑行）；同伴站立在前者的身后，V 字形站位，双手四指并拢，虎口打开，双手扶在前面同学的腰部两侧推动滑行。到了前方的折返点前后二人交换位置，推滑回到起始点，下一组同学开始推滑，以此类推，直至此队最后一组同学折返滑回，通过计时的时间来裁定到终点的名次。

（三）游戏的规则

（1）采用分队比赛（每队的成员，每两个人组成一组）。

（2）比赛过程中规定采用统一滑行姿势。

（3）前面的同学双手臂不可以脱离大腿的上方。

（4）后面推滑的同学双手不可离开前面同学的腰部。

（5）后面的同学在推车滑行过程中不可以向后拉前面的同学。

（6）推车滑行必须沿着自己队的滑行路线折返，否则成绩无效。

（四）游戏教学中的建议

（1）游戏教学初期，要求学生推车的过程中人车不分开。距离不宜过长，直线推车滑行最佳。

（2）随着学生技术能力的提高，可采用圆形路线或直线带有弯道的路线比赛，加大推车滑行的难度。

三、选手运桩

（一）器材

12 个小障碍桩；4 个中障碍桩；4 根障碍杆。

（二）游戏的方法

根据班上人数将同学分成人数相等的 4 个队，纵队列队站在起点线后面，各队横向间隔 3 m 或者 5 m；在各队正前面 20 m 处，放路障杆作为折返点标志；各队排头在起点线后成轮滑基本蹲姿，背部放置 3 个轮滑小障碍桩（或者 1 个中障碍桩）。教师发令后，各队排头，迅速向前滑行，滑行时不可以让障碍桩从背部掉落下来，滑至折返点处，绕过障碍杆再滑行回到本队的起始点，将障碍桩放到第二位同学的背部，第二位同学依此法滑行，先滑完的队为胜，按顺序排列。

（三）游戏的规则

（1）滑行途中障碍桩掉下了，需要回到掉落点将障碍桩捡起放回背部再接着滑，但在积分中需要扣除 0.5 分。

（2）第一位同学滑回到起点后，只可以一名同学帮助把障碍桩放到即将出发滑行的同学背部。

（四）游戏教学中的建议

游戏初期使用一个障碍桩，避免滑行过程中障碍桩掉下；随着能力的提高，背部的障碍桩由 1 个障碍桩变成 3 个障碍桩。每队之间的间隔距离稍微宽些，避免障碍桩掉下后，滑行者折返往回滑时撞到其他的滑行者。

四、双鱼过桩接力

（一）器材

小障碍桩 40 个。

（二）游戏的方法

根据班上人数将同学分成人数相等的 4 个队，纵队列队站在起点线后面，各队之间间隔 3 m；在各队正前方每间隔 1 m 摆放 1 个小障碍桩，共 10 个障碍桩。教师发令后，各队排头运用双脚平行支撑技术进行双鱼绕桩到终点，再从终点开始折返双鱼绕桩返回到本队，击掌第二位同学，第二位同学依法再做，直至最后一人做完为止，成绩按照各队完成的先后顺序排列名次。

（三）游戏的规则

双鱼过桩时，轮子不可碰障碍桩（碰到或踢倒一个障碍桩在最终的成绩中加 3 s）；滑行过程中漏掉一个障碍桩加 5 s。

（四）游戏教学中的建议

教师根据班上同学滑行的技术水平，来确定障碍桩之间的间距（间距越大，滑行难度越小；反之，间距越小，滑行难度越大）。

五、篮球运球接力

（一）器材

篮球 4 个；障碍杆 4 根。

（二）游戏的方法

将班上的学生分成人数相等的 4 个队，成纵队站在起点线后，各队之间间隔 3 m；各队排头手拿一个篮球，在各队正前方 25 m 处放置一个障碍杆作为回转点标志。教师发令后，各队排头迅速运球滑行，至回转点处人和球绕过障碍杆再运球滑行到本队，将球交给第二个人，第二个人依此方法再做，直至本队最后一个人做完为止，成绩按照各队运球滑行回来的先后顺序排序。

（三）游戏的规则

运球滑行过程中，不可以抱球滑行；如果中途球丢掉，必须把球捡回后，从掉落点重新运球滑行。

（四）游戏教学中的建议

（1）滑行中运球游戏难度比较大，需要手脚的配合。游戏初期可选择难度小的，再逐渐加大难度进行各种行进间的运球游戏。

（2）双手抱球（1 个球或者 2 个球），滑行往返。

（3）初期选择直线运球滑行折返；随着学生控球能力的提高可选择圆形滑行路线运球。

（4）原地投篮（再过渡到直线运球滑行加投篮折返）。

（5）S 曲线运球滑行折返。

（6）二人行进间交叉换位运球滑行；根据学生滑行能力的提高，再过渡到选择三人行进间交换位置运球。

六、跳跃障碍滑接力

（一）器材

小障碍桩 80 个；障碍杆 4 个。

（二）游戏的方法

将班上的学生分成人数相等的 5 个队，成纵队站在起点线后，各队之间间隔 4 m；由各队排头开始，蹲屈滑行过渡到双足支撑起跳越过障碍桩，在各队正前方 30 m 处放置一个障碍杆作为回转点标志。教师发令后，各队排头迅速滑行跳跃障碍桩，至回转点处绕过障碍杆再直线滑行到本队，用手掌击掌第二个人，第二个人依此方法再做，直至本队最后一个人做完为止，成绩按照各队滑行回来的先后顺序排序。

（三）游戏的规则

在滑行过程中，遇到障碍桩必须跳跃过障碍桩。如果没有起跳越过，而是选择支撑或者踢倒障碍桩时，每空过或踢倒一个障碍桩，在最终成绩里需加上 3 s，以此方法类推计算成绩。

（四）游戏教学中的建议

（1）穿轮滑鞋起跳越过障碍桩，难度大，在选择此游戏之前的教学应该教授学生如何起跳、回落，身体重心始终保持平稳，起跳收大腿触腹部，不可向后撩小腿。

（2）初次进行此游戏时，障碍桩的间距选择大些，给足滑行者的空间进行滑行、支撑、起跳、安全回落支撑。

（3）随着学生滑行能力、平衡能力和爆发能力的不断提高，再逐渐缩短障碍桩之间的间距，加大起跳的难度。

七、穿越导火索

（一）器材

障碍横杆 24 副；中障碍桩 8 个。

（二）游戏的方法

将班上的学生分成人数相等的 4 个队，成纵队站在起点线后，各队之间间隔 2 m；由各队排头开始，快速滑行到导火索区域（障碍横杆每间隔 1 m 摆放 1 个，连续摆放 6 个障碍横杆）；滑行者身体蹲屈的角度，尽量接近极限，双足支撑穿越过导火索（障碍横杆），在各队正前方 20 m 处放置一个障碍桩，作为回转点标志。教师发令后，各队排头迅速滑行穿越障碍横杆，至回转点处绕过障碍桩后再次穿越导火索区域后滑行到本队，用手掌击掌第二个人，第二个人依此方法再做，直至本队最后一个人做完为止，成绩按照各队最后一名同学滑行回来的最终成绩（将违规的成绩相加后）进行排序。

（三）**游戏的规则**

在滑行过程中，遇到导火索（障碍横杆）时，需要运用自己的智慧，想办法安全穿越。如果穿越中每触到或者撞倒一个障碍横杆时，在最终成绩里加 5 s，以此方法类推计算成绩。

（四）**游戏教学中的建议**

（1）每位学生的身高都是不同的，但是导火索的高度是固定的（教师需要综合考虑全班同学的身高与滑行的技术水平情况来确定障碍杆的高低程度）。初次教学游戏建议高度由高到低，这样让学生在滑行过程中感受到不降低自身重心，很容易触到或者碰倒障碍横杆。

（2）随着学生滑行能力、支撑能力的提高，将导火索（障碍横杆）距离延长。

八、网"大鱼"

（一）**器材**

大障碍桩 8 个。

（二）**游戏的方法**

将轮滑场画出正方形的场地算作是"鱼塘"，学生们分散在场地内做"大鱼"，另外选 4 个人做"渔夫"。游戏开始后，"渔夫"手拉手做成网在"鱼塘"内捕鱼，被网围住了就算被捕到，被捕到的学生立即加入"渔夫"行列，手拉手去捕捉其他的"大鱼"，直至将所有的"大鱼"捕捉完为止。

（三）**游戏的规则**

（1）"大鱼"不许滑出"鱼塘"之外，否则算被捕捉到。

（2）"大鱼"不能冲破"渔网"逃跑，但做"渔夫"的学生手拉开了，"大鱼"则可从间隙中逃跑。

（四）**游戏教学中的建议**

（1）开始的 4 个人要选择轮滑技术好、体力好的学生担任"渔夫"。

（2）如果人数较少，则在画场地时场地可小一些；如果班上人数多，在画场地时需要画的大一些，以便让学生有滑行空间，避免迎面相撞，滑行时无法躲闪。

（3）网"大鱼"游戏也可在每捕捉到 4 条"大鱼"之后，这 4 条"大鱼"又组成另一个新的网参加捕鱼。

（4）也可由 6 个人或者 8 个人固定做"渔夫"，捕捉到"大鱼"后，将"大鱼"放到"池塘"旁边小池来养（休息或者练习静蹲），等够了 6 条或者 8 条"大鱼"的时候，一起回到大池做"渔夫"，之前的"渔夫"此时做"大鱼"在池子里游（滑行）。

九、双"龙"追躲互咬尾

（一）**游戏的方法**

将班级的学生分成人数均等的 2 个队，每队约 16 个人，站成一路纵队组成"龙"形，排头即为"龙头"，后面的学生双手搭在前面同学的肩上或者抓住前面同学上衣的下角，最后一名同学为"龙尾"。教师发令后，两条"龙"相互攻防，各队的"龙头"设法咬（拍击）到对方的"龙尾"，同时要保护自己队的"龙尾"不被对方咬（拍击）到。如果龙尾被咬（拍击）到，做"龙尾"的学生则要退出游戏，队伍倒数第二名的同学成为新的龙尾，到一定时候，教师吹哨游戏停止，剩下人数多的队获得胜利。

（二）游戏的规则

（1）两队"龙头"在攻防时，不能使用轮滑鞋触及对方而导致相互动手推拉现象。

（2）在本队的"龙身"脱节时，咬（拍击）到另一队的龙尾不算。

（三）游戏教学中的建议

（1）此游戏除"龙头"之外，越在后面的同学运动负荷量越大。因此，应当将体力好的同学放在后面。

（2）也可游戏一定时间后，教师吹哨，两队的全体同学各自向后方向转滑（"龙尾"变"龙头"，"龙头"变"龙尾"），游戏再继续进行。

（3）各队的队长在组织同学站位时，需要考虑到滑行技术不好的同学，尽量接近"龙头"站位，而"龙尾"站位则需要滑行技术好的同学，进行躲闪、变向，不让另一队的"龙头"轻易咬（拍击）到。

十、长江与黄河

（一）游戏的方法

将班上的学生分成人数相等的 2 个队，成两列横队面对面方向站在相距 50 m 各队的起点安全线后，在两线的中间 25 m 处画一条中线，每队的同学左、右间隔约 2 m 来站位。其中一个队的队名为"长江"，另一个队的队名为"黄河"。教师吹哨游戏开始，两队同学面对面向前滑行，速度不适宜快速滑行。当两队滑行的距离相距约 5 m 时，教师给予指令，如喊"黄河"，"黄河"队的同学尽快向后转身加快速度滑回自己一侧的安全线，此时"长江"队的同学加速滑行追捉（或拍击）"黄河"队的同学；如果教师喊"长江"，则"黄河"队的同学加速滑行追捉（或拍击）"长江"队的同学，而"长江"队的同学听到口令需要快速向后转身加快速度滑回自己一侧的安全线。如果在滑回安全线以前被追捉（或拍击）到，就算被抓，需要退出游戏到场外做 10 次 3 组蹲屈开合跳等。

（二）游戏的规则

（1）在听到口令开始向前滑行时，不可以站在原地踏步或者有意慢速行走不滑行，便于自己离安全线近些。

（2）追者和逃者都只能朝着安全线方向滑行，不能横向滑。

（三）游戏教学中的建议

在学生们滑行与停止技术动作掌握很好的情况下，此游戏可改变为在两条安全线之内，再画两条相距 3 m 相互平行的中线，两队同学开始背对背站在两条中线之后准备，教师给出指令并喊出队名后，各队立即判断选择追逃。

十一、通过封锁区

（一）游戏的方法

画两条相距 20 m 的平行线：一条是起点线；另一条是终点线。两条线之间即为

"封锁区"，选 3 名同学站在封锁区域内当"狙击手"，其他人分成人数相等的数列横队站在起点线后。当教师下达指令后，游戏开始：首先第一队的同学商量好通过封锁区的方法后，或同时或先后冲过封锁区，狙击手则进行狙击（或者拍击），被拍击者自动滑到封锁区的外围；然后是第二队依此方法通过封锁区，直至全班学生做完为止。按照每队被拍到的人数少来排序获胜的队。

（二）游戏的规则

（1）通过封锁区的方法，可以全体同学同时滑行一次冲过封锁区，也可选择依次通过；或者由 2 个人或 3 个人先滑行引开狙击手，然后集体冲滑过封锁区。具体方法由各队同学商量后自定，但是需要在教师发出指令后，限制在 15 s 内通过。

（2）狙击手在狙击时只能用手捕捉（或者拍击），不可使用轮滑鞋绊倒对方。只要手一触及冲滑者，狙击手就算狙击成功。

（3）随着学生们滑行能力的提高，限制通过的时间应逐渐缩短，加大游戏难度。

（三）游戏教学中的建议

在游戏即将开始前，教师留给学生 3 min 或者 4 min 的时间来商量，制定方案，激发学生运用集体的智慧选择最安全的方法通过封锁区。

十二、挤出队列

（一）游戏的方法

全班同学紧密地站成一列横排，背靠墙站立。教师给出指令，游戏开始，两边的同学用力往中间靠挤，逐一地将中间的同学挤出队列外，被挤出队列外的同学又从两边加入游戏中，重新往中间挤。

（二）游戏的规则

挤人时，只可使用肩膀或髋关节用力，不允许使用手推拉或者轮滑鞋去踏踩同学的脚。

（三）游戏教学中的建议

此游戏可在秋冬用于体育课的准备部分，使学生身体暖和的同时调动学生运动的激情（因天气变冷而不想运动的消极思想）。

十三、接球击人

（一）器材

软排球 1 个；排球 1 个；4 个障碍杆。

（二）游戏的方法

以轮滑课上课的场地，用障碍杆摆放成正方形作为游戏区，学生分散站在场地内。教师发出指令后，游戏开始，教师将一个软排球向场内空中抛出，谁接到球后，就可站在原地用球击其他人，无球的学生滑跑开躲避，被击中者退出游戏场地。当球落地后，任何同学都可以捡起球，又用来抛击其他同学，也可直接用手接住别的同学投掷过来的球（这种用手直接接住球不认为被击中）再去击其他同学。如果球滚出游戏场地之外，同学可滑出场外捡球，但是捡到球后不能进入场内击人，只能站在场外击场内的人，击出后方可滑入场地内继续参加游戏。游戏直至场内剩下最后一个人或者很少几人为止。

（三）游戏的规则

（1）不许使用球击打同学头部，如打中同学的头部，此次击中算作为无效外，还需将投掷球者罚出游戏。

（2）任何人在接到球或者捡到球之后，不允许再滑行移动位置，只能站在原地投掷球击人；如果在得到球之后，再继续滑行移动位置，则击中滑行者也是无效的。

（四）游戏教学中的建议

为了保证参与游戏同学们的安全，此游戏不可以使用篮球或者足球击人。如果使用硬体球进行游戏，就需讲明游戏要求，即击打场内滑行着的同学部位，只能是小腿以下部位。因此，建议先使用软排球进行游戏，也先让同学们了解此游戏的规则，可再换成硬排球继续进行此游戏。

十四、打"龙尾"

（一）器材

软排球 1 个；硬排球 1 个。

（二）游戏的方法

画一个直径约 15 m 的圆圈，将学生分成人数均等的 3 个队，其中的一个队在圆内站成一路纵队为"龙"，排头也是"龙头"，后面的同学用双手抓住前面同学的衣服或者双手搭在前面同学的肩上，排尾称为"龙尾"，其他 2 个队的队员分散开站在圆圈外的周围，其中一个人手拿一个软排球。当教师下达指令后，游戏开始，圈外的同学设法快速准确地将球投出击打场内的"龙尾"，也可选择相互之间传球，瞅准时机再击打"龙尾"，"龙尾"则需眼观六路，机智灵活地躲闪，避免被球击中；"龙头"也可使用双手或者身体挡住来球，以此来保护"龙尾"。如果"龙尾"被击中，则需要退出游戏，滑出圈外等候队友的救活（如果圈外的球在向圈内抛出击打"龙尾"时，球被"龙头"接住一次，那么就可以救活一位同伴，再次加入游戏中）。新的排尾又成为新的"龙尾"，游戏再次继续进行。教师看场内的具体情况（设定具体的时间），吹哨叫停，换上另一队做"龙"，游戏再次开始进行。3 个队在相同的时间内，被打掉"龙尾"最少的队获得胜利。

（三）游戏的规则

（1）圈外的同学不允许滑进圈内抛击球。如果圈外的球掉在圈内，可以滑进圈内捡球，但是拿到球后，需要把球传到圈外才能投掷击打圈内的"龙尾"。

（2）投掷击打的有效身体部位是腰部以下。如果击打到腰部以上部位，则不认为被击中。

（3）投掷击打"龙尾"之外的同学均为无效。

（4）如果"龙"在游戏过程中出现脱节，则被认为打中一次，断开的同学需要退出游戏，其他同学重新接上再开始滑行躲闪。

（5）游戏过程中，"龙头"和"龙身"不允许将"龙尾"卷裹在中间。

（四）游戏教学中的建议

场地的大小应根据人数来画（直径），便于"龙"在场地内进行滑行躲闪，保障学生们的安全。"龙头"与"龙尾"最好选择滑行动作较好的同学来担任。

十五、"矮人"与"高人"

（一）游戏的方法

学生成一列横队或成圆形队站立。教师先讲解游戏中的"高人"与"矮人"两个名称所代表的动作。"高人"是指双手臂上举；"矮人"是指两腿屈膝半蹲，双手扶膝的动作。当教师下达口令后，学生做以下练习：

（1）教师如果喊"矮人"，学生则应快速做到双腿屈膝半蹲，双手扶膝的动作；教师如果喊"高人"，学生马上做双手臂上举的动作。

（2）教师下达口令后，学生需要做出与下达口令相反的动作。例如，教师给出"矮人"的口令，学生则需要将双手臂高高举过头顶；当下达"高人"口令时，学生应屈膝下蹲（或半蹲）双手臂交叉抱膝关节（或扶膝）的动作。

（3）教师指定从某一位同学开始，由教师下达口令，喊出动作的名称，指定的第一位同学开始做动作；同时给出口令，下一位同学应按口令做出动作。依次来喊"矮人"或者"高人"，而做动作的同学需要做出与名称相反的动作。

（二）游戏的规则

出现以下情况应给予小罚：

（1）将动作做错。

（2）当口令下达，未在 1 s 之内将动作做出。

（三）游戏教学中的建议

此游戏方法不变，名称也可以让学生们换成他们喜欢的名称，以增强游戏的乐趣。

十六、换位扶杆

（一）器材

每人一根长度为 1 m 的杆。

（二）游戏的方法

学生之间间隔 1 m 的距离，站成一个直径 10～15 m 圆形，面向圆心。每人一根杆，杆直立地上，用一只手扶住。当教师给出口令后，吹了一声长哨声时，学生松开手扶着的杆，迅速向右滑行移动一个位置，去扶自己右侧同学的杆；如果教师吹了一声短哨时，同学则迅速向左滑行移动一个位置，扶左侧同学的杆。

（三）游戏的规则

（1）没有扶住杆的同学罚做立卧撑 10 次。

（2）教师在下达口令之前，每位同学面前的杆必须保持直立状态，不允许提前将杆倾斜到另一侧，更不许提前传给同学。

（四）游戏教学中的建议

此游戏可在学习侧向移动重心教学前进行。

十七、叫号接球

（一）器材

排球 1 个；篮球 1 个。

（二）游戏的方法

画一直径约 10 m 的圆，同学分散开站立在圆外，面向圆心。游戏开始前全体同学从一到末尾报数，每人记住自己的站位号。教师站在圆的中心点，双手抱着一个排球。游戏开始，教师任意地喊出班上人数中的一个站位号，同时将手中的排球用力向空中抛出，教师退到圆外，被喊到的同学快速滑向场内到球即将回落的位置，将球接住不让球落地；接到球后滑到圆心点再次喊号，以此方法继续游戏。如果被喊到的同学滑向场内未能接到球时，则要受罚，还是由上一个同学继续来喊号。

（三）游戏的规则

（1）喊号的同学在喊号时必须声音洪亮、吐字清晰。

（2）先喊号，再向上抛球（不可将球斜线抛出）。

（四）游戏教学中的建议

（1）此游戏不适宜人数过多（最好 15 人左右），如果班上人多可分成几组进行。

（2）首先同学选择面向圆心站进行游戏，然后可以变换背对圆心。随着学生们滑行能力的提高，也可围绕圆滑行或者行走。不论选择哪种方法，喊号同学必须站到圆心处。

十八、击掌令

对于以下的游戏方法，教师可根据课上所要即将教授的技术动作任选一种。游戏开始前，教师需要给同学们讲述清楚游戏的方法，学生们需要记住。听到教师"击掌"则游戏开始，而听到"哨音"为停止口令，学生们即刻恢复到原始的姿势。

（1）队列中同学以站立形式等待教师下达的指令来做：教师击 1 次手掌，同学 T 字形站姿；连击 2 次手掌，同学进行前弓步站姿；连击 3 次手掌，同学进行原地轮滑基本蹲姿。

（2）队列中同学以站立形式等待教师下达的指令来做：教师击 1 次手掌，同学向左并步 1 次；连击 2 次手掌，同学向右并步 1 次；连击 3 次手掌，原地踏步。

（3）队列中同学以站立形式等待教师下达的指令来做：教师击 1 次手掌，下蹲并起立；连击 2 次手掌，开合跳 3 次；连击 3 次手掌，原地踏步跑。

（4）队列中同学以站立形式等待教师下达的指令来做：教师击 1 次手掌，抬左腿；连击 2 次手掌，抬右腿；连击 3 次手掌，原地蹲屈触膝跳。

（5）队列中同学以站立形式等待教师下达的指令来做：教师击 1 次手掌，向后退半步；连击 2 次手掌，向前迈半步；连击 3 次手掌，原地前后摆臂。

（6）队列中同学以站立形式等待教师下达的指令来做：教师击 1 次手掌，双脚向左跳；连击 2 次手掌，双脚向右跳；连击 3 次手掌，向上跳。

（7）队列中同学以站立形式等待教师下达的指令来做：教师击 1 次手掌，左臂前摆；连击 2 次手掌，右臂后摆；连击 3 次手掌，左臂前摆、右臂后摆。

（8）队列中同学以两腿开立宽于肩姿势站立等待教师下达的指令来做：教师击 1 次手掌，向左移动重心；连击 2 次手掌，向右移动重心；连击 3 次手掌，先向左移动重心之后向右移动重心。

（9）队列中同学以轮滑蹲姿形式等待教师下达的指令来做：教师击 1 次手掌，向左侧蹬；连击 2 次手掌，向右侧蹬；连击 3 次手掌，左腿侧蹬并收回、右腿侧蹬并收回。

（10）队列中同学以轮滑蹲姿形式等待教师下达的指令来做：教师击 1 次手掌，左腿侧蹬；连击 2 次手掌，右腿支撑，左腿连续蹬收；连击 3 次手掌，原地向右绕圆转。

（11）队列中同学以轮滑蹲姿形式等待教师下达的指令来做：教师击 1 次手掌，右腿侧蹬；连击 2 次手掌，左腿支撑，右腿连续蹬收；连击 3 次手掌，原地向左绕圆转。

（12）队列中同学以轮滑蹲姿形式等待教师下达的指令来做：教师击 1 次手掌，左腿前移半步；连击 2 次手掌，右腿后移半步；连击 3 次手掌，原地做葫芦步。

（13）队列中同学以轮滑蹲姿形式等待教师下达的指令来做：教师击 1 次手掌，双脚尖向左摆再还原；连击 2 次手掌，双脚尖向右摆再还原；连击 3 次手掌，原地双脚交替前后滑步走。

（14）队列中同学以轮滑蹲姿形式等待教师下达的指令来做：教师击 1 次手掌，正八字形站位；连击 2 次手掌，倒八字形站位；连击 3 次手掌，V 字形站位。

（15）队列中同学以轮滑蹲姿形式等待教师下达的指令来做：教师击 1 次手掌，右脚原地单脚跳；连击 2 次手掌，左脚原地单脚跳；连击 3 次手掌，动协跳。

（16）纵队围绕成圆，同学之间需要间隔 3 m 的距离并以轮滑蹲姿形式等待教师下达的指令来做：教师击 1 次手掌，向后滑 1 步；连击 2 次手掌，向前滑 1 步；连击 3 次手掌，原地"8"字跑。

十九、侧向交叉行走

（一）游戏的方法

根据班上学生人数分成相等的 4 组同学，1、2、3、4 代表各列横排小组的序号，同学之间间隔 3m 的距离，成轮滑基本蹲姿准备，教师下达指令后，游戏开始。当教师喊奇数时，数两组的同学向左侧做交叉行走；偶数两组的同学向右侧做交叉行走；当教师喊偶数时，奇数两组的同学向右侧做交叉行走；偶数两组的同学向左侧做交叉行走（当教师运用数字相加或者相减得到的奇数或偶数时，同学必须是摆臂配合腿部的交叉动作行走）。

（二）游戏的规则

（1）教师喊出数字后，1 s 之内必须做出对应的动作，否则出列受罚。

（2）将动作做错方向的同学，出列受罚。

（三）游戏教学中的建议

教师可先用 10 以内的单一数字喊，使学生有一个适应过程，随后运用复杂的加减法喊数，加大游戏的难度与兴趣。

二十、谁先归队

（一）游戏的方法

将同学分成人数相等的 2 个队，各队报数后，每位同学都应记住自己的站位号。两队依次围绕圆站立，面对圆心（直径 10m 的圆），同学之间相距 2 m。教师下达口令如喊 "6 号"，各队 6 号位的学生应马上转身滑向圆圈的外围，沿着顺时针方向绕圆滑行一圈回到原来位置，先滑回自己站位的同学获胜。

（二）游戏的规则

（1）不允许在圆内滑行或者从队伍中穿越。

（2）如果两队同号队员在圈外滑行时，一方队员追上超越了另一方队员时，被超越的同学应受罚。

（三）游戏教学中的建议

（1）此游戏可以选择变换队形、变换滑行方向等来做。

（2）可以把滑行同学的顺序变为递加 1 或者递减 1 的站位号滑行。例如，教师喊 "5 号"，那么应该是 6 号位同学滑行或者教师喊 "3 号"，就是 2 号位同学滑行。

二十一、迎面滑行接力

（一）游戏的方法

将学生分成人数相等的 2 个队，每个队再分成人数相等的 2 个组，每队的 2 组同学成纵队面对面站在各自的起点线后，直线滑行距离为 20 m，各队之间的间距为 5 m。教师给出指令后，各队第一小组站位 1 号位的同学迅速向前滑行，到达第二小组的时候，用手和排头击掌，排头依此方法快速滑行，直至最后 1 个人滑完为止，先滑完的队获胜。

（二）游戏的规则

（1）滑行过程中斜线滑行，影响其他队同学的滑行，视为违规受罚回到起点重新开始滑行。

（2）交接滑行前，2 个人必须击掌才能开始滑行，否则成绩无效，退回到起点，重新开始滑行。

（三）游戏教学中的建议

（1）此游戏适合于在轮滑直线滑行教学时使用。

（2）做此游戏时也可以选择如下动作进行：前葫芦步（绕桩）滑行；后葫芦步（绕桩）滑行；双脚正交叉（绕桩）；双脚倒交叉（绕桩）；正蛇形（绕桩）；倒蛇形（绕桩）。

第十一章

速度轮滑运动比赛

第一节　速度轮滑比赛的项目与组织

速度轮滑比赛分为公路赛和场地赛两类。每类比赛则根据不同的比赛距离划分为若干个小项。

一、速度轮滑比赛的项目

（一）速度轮滑场地、公路比赛常设的 14 个比赛项目

300 m、500 m、1 000 m、1 500 m、2 000 m、3 000 m、5 000 m、10 000 m、15 000 m、20 000 m、21 000 m、30 000 m、42 000 m、50 000 m。

（二）全国场地速度轮滑锦标赛男女比赛项目

男子项目：300 m、500 m、1 500 m、5 000 m、10 000 m、20 000 m。

女子项目：300 m、500 m、1 500 m、3 000 m、5 000 m、10 000 m。

（三）全国公路速度轮滑锦标赛比赛项目

男子项目：300 m、500 m、1 500 m、5 000 m、10 000 m、20 000 m 与 42 km 马拉松。

女子项目：300 m、500 m、1 500 m、3 000 m、5 000 m、10 000 m 与 21 km 马拉松（半程马拉松）。

速度轮滑正式比赛首先进行男、女短距离比赛，然后进行男、女中距离比赛，最后进行男、女长距离比赛。

二、速度轮滑比赛的组织

速度轮滑比赛分为淘汰赛、计时赛、分段赛、接力赛、追逐赛、定时赛、计分赛与群体滑赛 8 个类别。除分段赛只在公路上进行外，其他比赛一般可在场地或者公路上进行，公路一般是封闭环形式的。各类比赛的具体介绍如下。

（一）淘汰赛

比赛过程中在一个或几个固定地点，淘汰若干个滑行速度较慢选手的一种比赛形式。具体淘汰方法赛前由裁判长决定。

（二）计时赛

一定数量的队或人在固定的滑跑距离上进行的竞速计时性比赛。

（三）分段赛

只能在公路上进行。比赛时根据一定的规则，长、中、短混合排列在一起，总名次是根据选手各个固定距离所获成绩和得分决定。每一段的成绩根据分段的滑行时间决定，分配的方法可在赛前商定。如果几名选手成绩相等，则要根据每段比赛最好成绩决定比赛名次。

（四）接力赛

在场地赛和公路赛中都可以进行。一般由 2 名以上的选手组成接力队，在规定的比赛距离内每人滑跑相等的距离。在比赛中，根据比赛的要求可随时接替或在固定区域内接替，接替时必须接触到同伴。在有些比赛中，有时也规定最后一次接替要在倒数第一圈完成。

（五）追逐赛

在场地赛和公路赛中都可以进行。追逐赛的比赛办法是 2 名选手或 2 个队从等距离的地点同时出发，他们其中的一个选手或一个队超过对手比赛即告结束，也可根据在规定的距离内滑跑时间来决定胜负，时间短者为胜，胜者将进入下一轮比赛，负者将被淘汰。团体赛中，每队由 3 ~ 4 名选手组成，并由该队倒数第二名选手决定该队的名次。

（六）定时赛

限制运动员滑跑时间，根据运动员在限定的时间内所滑行距离的长短决定运动员的名次。

（七）计分赛

将比赛距离划分为若干个比赛段，事先确定计分地点和得分标准。比赛时运动员通过比赛路线上固定的计分地点计取分数，到达终点后，获得最高分数的运动员或运动队为优胜，并以得分排定名次。

（八）群体滑赛

参赛人数不限，类似长跑比赛，一次性集体出发。如果参赛人数太多，比赛跑道不够的情况下，可分为预赛与决赛。

第二节　速度轮滑比赛场地与要求

比赛场地分为场地跑道和公路跑道。公路跑道有起终点相衔接封闭式的环形跑道和起终点不相衔接的开放式跑道两种；公路比赛路线沿左右均可设有弯道。

一、场地赛道

全国性场地赛使用的跑道应有 2 条长度相等的直线段和 2 个对称具有相等半径与直道相连的跑道，标准的场地周长为 200 m，宽度为 6 m。根据情况通常也允许使用周长不短于 125 m，最长不超过 400 m，跑道宽不小于 5 m 的跑道。

比赛跑道的地面，可用任何材料铺成，但要求平坦，有一定的光滑度，不易摔倒，弯道要有一定的倾斜度，有倾斜度的部分要从内侧边缘逐渐均匀平稳地升高，直到外侧的边缘。直线跑道为了与弯道倾斜部分相衔接，也可以有向内侧倾斜的衔接部分，但直线赛道平坦段落不应少于跑道总长的 33%。场地最短为 125 m，最长为 250 m。

终点线要用白色实线标出，线宽为 5 cm，一直标到跑道外侧的边线。终点线不能设在弯道处，一般设在直道中线前伸 10 m 处为宜。

二、公路赛道

全国性公路赛分开放式与封闭环形式两种跑道。开放式跑道，其终点与起点不衔接。封闭式环形跑道其终点与起点相衔接，它有 2 条对称的路线，周长最短不少于 250 m，最长不超过 1 000 m。公路的宽度不小于 5 m，起终点线也不能设在弯道处，除非无法避开时，起点线应设在距弯道 50 m 以外地方，终点线应设在距最后一个弯道分界线前 50 m 处。

第三节　速度轮滑比赛的规则与裁判

一、起跑的规则

（1）运动员在所有比赛中，起跑均为站立式，听到裁判员用发令枪或哨子发出的起跑信号后，才能起跑，起跑信号在运动员身体稳定后发出。发令员在发出启动信号前运动员启动均为抢跑，第一次抢跑给予警告，3 次抢跑取消比赛资格。运动员的启动有 10 s 的限定时间，如果在 10 s 内不启动，发令员宣布该运动员退出比赛。

（2）运动员所站的位置由抽签决定。集体出发的起跑，运动员在起跑线后按抽签顺序依次站好，并保持 50 cm 间距。300 m 计时比赛的起跑，运动员两脚轮子不得移动，但身体可以摆动。预备线距离起跑线 50 cm，运动员其中一脚轮子必须在两线之间。

（3）发令员在起点召集运动员时，如运动员未到，1 min 后重新召集，仍不到位者立即取消比赛资格。

（4）集体出发的起跑，第一次信号为"预备"，第二次信号为"鸣枪"。在计时比赛中，运动员由于器材发生意外故障而非本人责任摔倒，或在集体起跑时在 130 m 以内有一名运动员摔倒而引起其他运动员连续摔倒，发令员指出后重新进行起跑。

二、途中滑跑的规则

（1）运动员从起点出发后一直抵达终点，严禁得到任何方式的外界帮助（选手使用的轮滑鞋和轮等出现故障除外）。

（2）运动员必须沿着一条设定的直线滑行至终点，不得以曲线或横向滑行影响其他运动员的正常滑跑。

（3）在弯道滑跑时，只有在内侧有足够空间可以通过的情况下，可以从内侧超越，其他情况下只能从外侧超越。

（4）不得故意强行阻挡他人的超越滑行，严禁撞人、推人、拉人、挡人、踢人、绊人等有意阻碍他人滑跑。

（5）在场地跑道或封闭环形式公路跑道比赛时，领先的运动员不能阻挡后者的超越，或者帮助正在被超越的运动员。

（6）运动员的轮滑轮刃不得触及或踏出跑道线。

（7）在妨碍比赛进行的情况下，运动员可以修理出故障的轮滑鞋，必要时可接受新鞋更换已破损的轮滑鞋，但必须独立完成而不得接受他人的协助。

（8）在滑跑途中运动员摔倒后，可以自己起来继续比赛，但不得由他人协助。

（9）参赛运动员的态度要积极、热情、奋力拼搏，有竞争精神，不能态度消极、情绪低落，落后无能力竞争者将及时淘汰。

（10）在公路开放式跑道或公路封闭式环形跑道上集体出发的比赛，运动员应该始终靠着公路赛道的右侧滑行。在任何情况下不得越过公路跑道的中央线，同时还要严格执行组织者的指示。

（11）退出比赛后，要到终点通知裁判员，以便确定名次。

（12）在封闭式环形公路跑道或场地跑道上，比赛按逆时针方向进行。

三、比赛名称的确定

（1）计时性比赛和集体出发的比赛（淘汰赛、计分赛、接力赛以及其他集体出发的比赛）根据运动员的轮子触及终点线的先后顺序决定运动员的终点名次。如果先通过终点线的前脚轮子没有接触地面，则以后脚轮子通过终点线的时刻为到达终点的时间。

（2）接力比赛以各队最后一名运动员的轮子首先通过终点线的时刻为到达终点的时间。

（3）定时比赛中，如规定时间已到，则运动员所滑到的地点即为终点。

（4）在场地或在封闭式环形公路跑道上集体出发时，已被超越或即将被超越的运动员即被淘汰，被超越运动员的名次顺序为被淘汰的逆顺序。

（5）在集体出发的比赛中，有数名运动员一起抵达终点，无法确切地区分他们的名次顺序，此时可认定他们的名次相同，其顺序可按其姓氏笔画排列。

（6）如果有两名或有更多运动员到达终点的时间相同，则要重新组织一次确定名次顺序的计时对抗赛，每个运动员的比赛成绩，在到达终点后立即宣布。

（7）运动员到达终点时在最后的一个直线跑道上，领先的运动员要保持直线滑行，不能以任何方式妨碍紧跟其后的运动员的正常滑行，否则领先运动员的名次将排在受影响运动员的名次之后。

（8）公路比赛最长时间的限制是第一名运动员所用时间加上25%（大众参与的公路赛最长时间可以为第一名运动员所用时间加上50%～100%）。

（9）全国轮滑锦标赛速度轮滑项目，每个参赛单位均有4个团体总分名次：甲组男子团体总分名次、乙组男子团体总分名次、甲组女子团体总分名次、乙组女子团体总分名次。

全国轮滑锦标赛速度轮滑团体总分名次根据各项比赛得分总和来确定，得分最高者为优胜。团体总分具体核分方法为：每项比赛第一名运动员的得分应与其参加该项比赛的运动员人数相等，第二名运动员的得分比第一名运动员少1分，第三名运动员的得分比第一名运动员少2分……直至最后一名运动员，最后一名运动员只得1分。

四、处罚

对在比赛中违反竞赛规则、规程及体育道德准则的运动员要采取如下处罚措施。

（一）警告

对出现规则中明确规定的情况，以及一些轻微的犯规行为，予以警告。一般情况下，在降低名次或取消比赛资格的惩罚前给予警告（严重的犯规情况除外）。警告次数相累加，当运动员由于即使不严重的犯规而得到多次警告时，根据裁判长的确切判定，也可以取消他的比赛资格。

监督比赛进程的任何裁判员都有权对运动员提出警告并立即报告裁判长，裁判长宣告警告。

警告次数不带入下一轮比赛或决赛。

（二）降低比赛名次

（1）在比赛中，尤其是比赛的最后阶段，参赛者对一名或几名对手有犯规行为时，根据裁判长的裁决可降低该运动员的比赛名次。

（2）如果情节严重，可以取消该运动员的比赛资格。

（三）取消比赛资格

（1）取消比赛资格的处罚适用于以下问题：

①警告次数累加。

②严重的犯规行为。

③如果运动员发生严重的犯规行为，尤其是为协助队友赢得比赛而故意犯规，可取消该运动员所有参赛项目的比赛资格。

④中国轮滑协会（组委会或竞委会）拥有采取取消比赛资格措施的最终权力，甚至无限期地取消其比赛资格。

⑤如果运动员服用兴奋剂或拒绝进行兴奋剂检查，要按照兴奋剂的有关规则进行处罚。

（2）以上①和②条中指出的处罚措施的尺度由裁判长掌握，并公布处罚决定。第③条的情况，裁判长有责任向中国轮滑协会（组委会或竞委会）汇报有关严重犯规的具体情况。

五、裁判人员及其职责

轮滑比赛裁判委员会由裁判长1人、副裁判长2人、记录裁判员2人、监跑道裁判员2人、终点裁判员4人、计时裁判员6人、发令裁判员2人、记圈数裁判员2人、检录裁判员2人组成，裁判人数可根据比赛规模适当增减。

（一）裁判长的职责

（1）对比赛中出现的技术问题和现行规则中未涉及的问题做出决定。

（2）分配裁判员在比赛中所负责的工作。

（3）对裁判员的工作进行监督、管理，遇有不同意见时，裁判长将协调各方面意见并做出决定。

（4）根据规则和规程对参加比赛各协会的教练和领队在比赛中的不妥行为采取惩罚措施。

（5）命令不符合规定的预赛重新举行。

（6）签署比赛成绩记录。

（7）组织抽签。

（8）检查发令员发出信号前，裁判员是否各就各位，计时员是否做好准备。

（9）保证被取消资格的运动员立即离开跑道。

（10）立即取消不服从裁判警告的运动员的比赛资格。

（11）对不服从裁判员的运动员予以警告。

（12）调整或撤换不能胜任裁判职责的裁判员。

副裁判长协助裁判长处理一切有关事宜，并完成裁判长指定的工作。

（二）记录裁判员的职责

（1）负责编排比赛日程，确定项目顺序。

（2）填写参加决赛人员名单。

（3）审查运动员比赛成绩，排列个人和团体名次。

（4）公布比赛成绩。

（5）编写比赛成绩册。

（6）参加抽签工作。

（三）监跑道裁判员职责

（1）在自己负责的区域内监督比赛的进行。

（2）将比赛所出现的犯规问题立即报告给裁判长。

（3）记下被超越和退出比赛的运动员的号码，并及时通知裁判长。

（4）对犯规者提出警告。

（四）终点裁判员的职责

终点裁判员判断运动员抵达终点的先后名次顺序。

（五）计时裁判员职责

无终点摄影设备时，计时员要记下每个运动员的成绩，并列入记录，为确保准确计时，裁判员须独立工作，不得互相对表，每3人为一个计时小组，3个计时表所计时间相同，此时间为正式成绩。如3个计时表所计时间不同，以平均成绩为准；如3个计时表中只有2个计时表显示成绩时，以较劣的成绩为准。计时员开表以看发令枪烟升起的瞬间为准，停表以轮子触及终点线为准。

（六）发令裁判员职责

（1）在各项比赛发令前，召集参加该项比赛的运动员，并向他们做最后指示，检查他们的服装和号码。

（2）检查运动员轮滑鞋的刃是否超越起点线。

（3）每场比赛必须在收到裁判长的信号后才能发令。

（4）发令员发出"预备"信号，待运动员做好准备后，可鸣枪出发。

（5）有起跑犯规现象或某运动员摔倒而绊倒或拉倒其他运动员时，可发第二枪或鸣哨，让运动员回到原位，对犯规者提出警告后，重新组织起跑。

（七）记圈数裁判员职责

（1）记下已通过的圈数，每次领先运动员通过后，减去1圈的数字。

（2）发出所剩余圈数的信号。

（3）记下领先运动员的号码。

（4）记录被超运动员的号码。

（5）当剩下最后一圈时用铃声或其他信号通知运动员。

（八）检录裁判员职责

（1）比赛前检查参赛运动员的号码、头盔、轮滑鞋等是否符合规定，不符者取消参赛资格。

（2）负责点名召集各组参赛运动员，并负责把运动员带入起点，已检录的运动员未经允许不得进入比赛跑道。

（3）对3次检录不到的运动员将取消比赛资格。

（4）按时检录后，将参赛运动员带入起点，并与发令员协调配合。

拓展篇

第十二章

轮　滑　球

第一节　轮滑球的起源与发展

轮滑球原称旱冰球，是一种穿着轮滑鞋的机体对抗性球类运动。轮滑球比赛是在用围栏围起来的平滑场地上进行的。比赛时每队上场5人，即1名守门员、2名前锋、2名后卫。运动员脚穿轮滑鞋，手持曲形球杆，需借助球杆来完成所有的技术动作。在场上滑行、运球、传球、射门、相互争夺、相互进攻与防守，最终以射中对方球门多者为获胜者。轮滑球比赛速度快，紧张激烈，既有很高的观赏价值，又是一项有益身心健康的体育运动。

轮滑球起源于18世纪初轮滑运动产生后，在欧美等国逐渐流行起来，受到王公贵族的青睐（资料记载当时意大利皇室在皇宫内组织过轮滑观赏节），以娱乐和运动的形式普及开展起来。由于轮滑只限于速度轮滑和花样轮滑之类的运动方式，不能满足人们喜欢竞争和刺激，于是在19世纪70年代末，英国人设计了一种脚穿轮滑鞋打球的游戏，故称为滚轮溜冰球，现称轮滑球。

第二节　轮滑球的基本技术

轮滑球的基本技术主要分为滑行技术、杆上技术和守门员技术。

一、滑行技术

滑行技术是指运动员穿着合适的轮滑鞋在场地上自如滑行的专项技术。滑行技术是轮滑球技术中最基础的技术。只有掌握基本的滑行技术，才能具有获得高超球技的可能，才能够在球场上自如地传球、运球、接球、射门。要想在场上能够机智、灵活、随心所欲运用技术，首先要掌握前进、后退、转弯、停止的技术，滑行技术的好坏是基础。

滑行技术包括基本姿势与起动、侧蹬滑行、转弯、压步转弯、急停、倒滑、跳跃等。

（一）基本姿势

1. 动作要领

两脚分开站立，与肩同宽，两膝微屈成半蹲半坐式，抬头两眼平视，上体微前倾，重心位于两腿中间的位置上。双手于腹前横握球杆，球杆的弯头基本接近地面。

2. 常见问题

（1）膝关节弯曲角度过小，上体没有前倾角度。

（2）双手握杆过于偏上或偏下。

3. 解决方法

（1）原地反复强化动作技术要领练习。

（2）熟悉轮与杆的感知度，掌握动作的正确性及动作顺序，即头部－握杆－双脚位置。

（3）由原地练习过渡到慢滑，强化动作要领。

（二）**起动**

起动是由静止状态变为滑行状态或者是由慢滑到快滑的统称。

1. 动作要领

重心前移，加大关节的蹲屈角度，一脚用力蹬地迅速抬起，另一脚支撑地面滑行，蹬动腿迅速前收，落到支撑腿侧前方附近，同时原支撑滑行腿迅速蹬地抬起。两脚交替由滑行过渡到快速滑跑中。

2. 常见问题

（1）上体与下肢不在同一方向。

（2）起跑的步幅大小不一，身体重心无法控制平衡。

（3）上下肢配合不协调（导致顺拐）。

3. 解决方法

（1）原地八字走练习。两脚交替抬起回落，再过渡到脚后跟抬起，用刹车器和前轮触地向前行走练习。

（2）由行走过渡到跑练习。一只脚抬起后脚跟用力向后蹬地，另一只脚四轮着地滑行，快速交换蹬动腿过渡到跑再变为惯性滑行。

（3）听口令起跑练习。

（三）**侧蹬滑行**

侧蹬滑行是在起动滑行之后或者在原有滑行速度与轨迹的基础上，加大滑行步长产生更大的蹬地力量，从而加快滑行速度及突然改变滑行方向的技术。

1. 动作要领

身体呈滑行基本姿势。首先用右腿向侧后方用力蹬地，蹬地方向与该脚纵轴线相垂直，当蹬动腿充分蹬直时，身体重心完全移到左腿上滑行；然后右腿迅速用大腿带动小腿，膝关节领先靠近左腿，小腿和脚继续向前引，此时重心又开始回移；最后左腿开始向侧蹬地，右脚在左腿内前方落地，同时身体重心由左侧移向右侧，左腿完成蹬地收腿的瞬间，重心完全移到右腿。

2. 常见问题

（1）滑行时侧蹬不充分。

（2）向前滑行不会利用臀部发力蹬地，导致重心在两脚之间。

（3）两臂与下肢配合不协调。

（4）滑行时臀部不敢后坐，眼睛不看滑行方向。

3. 解决方法

（1）原地两脚平行站立与肩同宽，成基本蹲姿。做单脚支撑重心移动练习：重心右移时，右腿支撑，左腿蹬地；重心向左移动时，左腿支撑，右腿蹬地。同时，腿部弯曲角度加大，促使腿部侧蹬力量加强。

（2）单脚侧蹬画葫芦练习。侧后蹬几步起动后，重心移到一侧腿为支撑腿，另一侧腿连续做画葫芦动作的侧蹬和收回，再换脚练习侧蹬和收回。两脚交替练习。

（3）侧蹬起动后，两脚交替侧蹬小步滑行，要求侧蹬腿要抬起收回。重心由两侧完全移到一侧腿上的滑行练习；熟练后逐渐过渡到腿部充分蹬直，重心大幅度移动的大步滑行。

（四）转弯

转弯是利用已有的滑行惯性，在向侧方移动重心的同时，身体侧倒借助惯性转弯。

1. 动作要领

以右侧转弯为例，快速滑行之后，借助惯性右脚领先于左脚半脚距离，上体微抬，臀下坐并移向右侧，重心移向右脚的外刃（右侧），左脚内刃支撑，借助惯性向右侧转弯。向左侧转弯时需要左脚的外刃、右脚的内刃支撑转弯。

2. 常见问题

（1）转弯前减速。

（2）转弯前的预备姿势不正确。

3. 解决方法

（1）原地弓步推转弯，减轻恐惧心理，体会内外刃支撑（向右侧转弯时，以右脚为轴支撑重心，左腿为蹬动腿；向左侧转弯时，动作要领相反）。

（2）由慢速转弯练习过渡到快速转弯，降低重心，用臀部以下倾倒，产生速度较快、弧度较小的急转弯。

（3）加速右急转弯时，臀部以下向右倾倒，而上体向左倾倒以保持身体重心的稳定性。转弯越急，重心降的越低，臀部倾倒越大。

（五）压步转弯

压步转弯是转弯滑行时通过蹬动腿的蹬地进行交叉转弯的动作方法。

1. 动作要领

滑行中要进行右压步转弯时，身体重心向右侧移，同时左腿用力向左侧方蹬地，右脚外刃支撑，强迫重心移向右侧；左腿离地跨越右腿，在右脚的右侧方落地支撑。重复上述动作即可连续压步滑行转弯。向左侧压步转弯时动作相同，方向相反。

2. 常见问题

（1）重心没有移动，无法用外侧蹬动腿跨越支撑腿做压步。

（2）恐惧心理导致无法用外刃支撑，不能连续做压步。

3. 解决方法

（1）原地练习内外刃的支撑。

（2）借助外部的牵引，控制平衡，连续压步。

（六）急停

急停是在快速滑行中突然停止的一种制动方法。它分为侧急停和后急停两种。侧急停是在滑行中将身体和双脚侧转90°，使轮子横擦地面的一种停法。后急停是指滑行中突然180°转体后急停，并能马上再起动的方法。

1. 侧急停动作要领

将要做急停时，上体略抬起，两脚略靠近，突然转动上体，带动臀部和双腿突然侧转。转体时稍向上提内侧肩和肋部（向右转提右肩），使内侧肩稍高，然后重心后移下坐臀，身体呈反向平衡，使身体的重心全部压在腿部上，腿不要完全伸直，膝关节与踝关节微屈稳定身体的平衡性，促使双脚的内外刃与地面同时摩擦减速停止。

2. 侧急停常见问题

（1）急停转体角度不够。

（2）急停时身体重心倒向相反的方向，形成反支撑。

3. 侧急停常见问题解决方法

（1）原地急停练习，两脚前后分开同肩宽站立，稍屈膝。若向右转体则右脚略靠前（向左转体则左脚略靠前），上体在稍提脚跟时突然转体，带动臀部和腿向右转体90°，同时重心压在右脚上（向左转体时重心压在左脚上），使左肩稍抬高，呈反向平衡姿势，感知内外刃的支撑。

（2）停止时由缓到急，幅度由小到大，转体时重心一定要下降。

4. 后急停动作要领

滑行中要停止时，上体稍抬起，同时两脚前后微分开（向右转体时左脚在前，向左转体时右脚在前），稍抬起脚跟；在后轮离地的同时上体做180°转动并带动臀部和双腿，同时以双脚前轮为轴做180°转体，继续抬高脚跟。当转体转脚完成时，用双脚的刹车器着地，同时屈膝，上体前倾，靠刹车器与地面摩擦而停止。此时正处于起动的基本姿势，可马上向后蹬地而重新起动。

5. 后急停常见问题

（1）无法控制重心来转动。

（2）转体的角度不够。

6. 后急停常见问题解决方法

（1）原地练习反向转动，转体后应使刹车器触地，屈膝，上体前倾，重心在前脚尖上。

（2）由走到滑行练习反向转向（倒滑过程中上体前倾并屈膝，两脚前后分开半脚的距离瞬间提起脚后跟，使刹车器触地摩擦而停止）。

（七）倒滑

倒滑分为直线倒滑和倒滑压步两种。

1. 直线倒滑动作要领

膝部弯曲，眼平视前方，背呈反弓形，姿势如同坐凳子。开始时用右腿向侧前方蹬出，重心压在右腿上，左脚后跟外转向侧后滑出。右腿蹬地快结束时将重心移到左腿，右脚随之抬起，脚后跟收回靠近左脚。此时左腿已经开始向侧前蹬地，同时右脚后跟外转，四轮着地，向侧后开始滑出，两腿连续交替蹬地和移摆重心。蹬地和滑行时重心要偏移前脚掌。

2. 直线倒滑常见问题

（1）轮子不动，重心向后摔倒。

（2）重心过于偏前，向前摔倒。

（3）动作不协调，倒滑很吃力。

3. 直线倒滑常见问题解决方法

（1）重心偏后导致轮子无法向后滑行，原地练习倒八字形走。

（2）原地练习葫芦步，体会重心的移动（由内八字形站立开始，两脚同时向侧方蹬地，腿接近蹬直时内转，脚跟收回，将要靠拢时再分开，脚跟向侧蹬出）。

（3）行进间倒走再过渡到倒滑，逐渐利用惯性将动作连贯起来加速倒滑。

4. 倒滑压步动作要领

倒滑起速后，从腰部以下向左倾斜，身体重心压在右脚上，右腿向右侧蹬地，然后左脚落地，重心移到左腿上并继续向左移，右腿收回，从左脚前上方横移过来交叉步落地，左腿稍向右侧蹬地后迅速收回（向右侧压步时动作的方向相反）。上体抬起，背呈反弓，臀部后坐，蹬地时用力主要在膝关节、踝关节、脚掌。

5. 倒滑压步常见问题

（1）无法掌握重心的稳定性。

（2）不能连续做倒滑压步。

6. 倒滑压步常见问题解决方法

（1）原地练习左右交叉步侧走，保持蹲坐姿势。

（2）慢速倒滑时压步练习。

（3）滑行中连续压步和左右两侧交替压步练习。

（八）跳跃

跳跃分为单足跳跃和双足跳跃。此技术在平时用的较少，但在激烈的比赛中，躲闪、越过障碍等是不可缺少的。

1. 动作要领

单足跳跃时用一只脚的制动轮向后蹬地，另一只脚前跨，同时展体伸臂将杆举起，双脚落地时膝关节微屈下蹲缓冲。

双足跳跃时双脚支撑身体，双膝前弓稍下蹲，双脚同时用力蹬地，使身体向上腾空，腾空过程双腿始终微屈，落地缓冲。

2. 常见问题

（1）起跳时摆动腿跟不上，动作不协调。

（2）落地缓冲不好，身体过早打开。

3. 解决方法

（1）原地练习，两脚开立与肩同宽，屈膝成基本蹲姿，两脚交替跳动由小幅再过渡到大幅；上体保持稳定。

（2）地面放上一横杆进行行进间的跳跃，在起跳与回落着地的瞬间必须保持膝关节的弯曲角度。

二、杆上技术

杆上技术是轮滑球技术的重要组成部分，是能否进球的关键。掌握杆上技术，首先要学会握杆。握杆时用有力灵活的手握杆的下端，另一只手握杆的 1/3 ~ 1/4 处，力求舒适自如为宜。掌握好杆与球的配合，才能在激烈的比赛中控制进攻的主动权，取得比赛的胜利。

（一）运球

运球是用杆拨球滑行，一般采用双手握杆拨球、推球，但有时距离对方较远时或需要身体掩护球时可用单手握杆，便于控制球。

1. 拨球动作要领

采用滑行基本姿势，眼睛平视用余光盯球（初学者可看球，随着练习次数应逐渐将目光离开球）；双手握紧球杆，臂和肩放松，协调用力，用杆刃的中部（弯曲处）控制球，通过腕关节的转动和胳膊的前臂推拉动作来回拨动球，杆刃接触球时要稍加倾斜角度便于扣住球，以此防止球从杆刃上滚过。根据具体情况长拨或者短拨的需要来加以控制用力的大小。

2. 拨球常见问题

（1）滑行方向与拨球方向不一致。

（2）顾球却顾不上路面（或者场上）情况。

（3）动作僵硬不协调、不连贯。

3. 拨球常见问题解决方法

（1）原地练习身前的左右拨球；对角线拨球和身体侧面的前后拨球。

（2）行进间练习推球、运球和拉杆运球。

（3）2 个人行进间练习传、接球技术。

推球或运球顾名思义就是前面没有对方人员的阻截，或离对方较远时使用的技术。

4. 推球、运球动作要领

用双手或者单手握杆，球可在体前或者体侧，注意使杆刃与球运行方向垂直，并稍加扣球，配合滑行中加大步幅的同时推球前进。不可将球推离太远的距离，避免球失去自己的控制。

拉杆运球通常是在急停、转弯或切入时，将球拨到身体的外侧，用单手握杆控制球，身体位于防守队员和球之间，并将非握杆手的臂肘打开来阻挡在对方的身体前，以便自己用身体保护球。同时，根据滑行和运球的方向及时调整自己握杆臂的姿势，使杆刃扣住球，避免在快速滑行与转弯时使球从杆上滑脱。转弯结束时将球拨到体前，运用双手运球。

5. 推球、运球常见问题

（1）无法控制球的远度。

（2）行进中人球分离，控制能力弱。

（3）动作不协调，导致球被抢断。

6. 推球、运球常见问题解决方法

（1）首先原地练习推球（体会握杆的力度感觉，臂和腕部的用力方法），然后练习短推、短拉、长推、长拉动作技术。

（2）2 个人或者 3 个人一组练习行进间的推球、运球和拉杆运球（1 个人进攻、2 个人防守）。

（3）行进间推拉球过障碍。结合各种方向、角度的障碍进行练习，强化控制球的能力。

（二）传球、接球

传球、接球是完成进攻战术配合的主要手段，只有快速、灵活、准确、熟练、力量适当地传球、接球，才能有效地完成进攻战术的配合。传球最重要的是传球时机的掌控，先要确定好传球目标再进行传球。

1. 传球动作要领

传球主要有扫传和弹传，也可以分为正手传球和反手传球。扫传是传球前用杆刃贴扣住球，用臂和手腕的力量将球贴着地面推拨出去。运用此方法传球准确但不足之处是突然性不够。用正手或反手传球时可通过腰腹的转动增强力量。弹传是开始发力传球时，杆刃距离球有一定的距离，用前臂和抖腕的力量突然使杆刃击打球的后位将球传出。

2. 传球常见问题

（1）传球方向控制不准确。

（2）传球时机掌握不好。

3. 传球常见问题解决方法

（1）2 个人一组原地练习。先练正手传球、接球，再练反手传球、接球。先以准确到位为主，再逐渐加大力量和难度。

（2）3 个人或者 5 个人原地练习三角或者五角传球、接球以及扫球、弹球技术。

4. 接球动作要领

接球分正手接球和反手接球，方法大致相同。接球前看准来球，迅速调整好自己的滑行位置，以便杆刃对准来球方向。杆刃与来球方向相垂直，球将到时，用腕和前臂的力量击球，使球瞬间停住。

5. 接球常见问题

（1）力量掌握不好，无法使球停住。

（2）使用拍面的弯曲部位接球，使球弹出。

6. 接球常见问题解决方法

（1）2 个人原地定点定位传球、接球，以准确到位为主，再逐渐加大力量和难度。

（2）3 个人或者 5 个人站位成三角形或者五角形，由 1 个人在圈内抢断球，加大传球、接球的难度。

（3）2 人行进间传球、接球包含平行前进中进行传球、接球与交叉滑动中进行传球、接球。

（三）射球

射球可分为击射、拉射、弹射、挑射等。射球是轮滑球中最重要的技术。轮滑球比赛是以得分多少来决定胜负的，而射球是决定胜负的关键技术。

1. 正手击射动作要领

击射是球速最快、力量最大的一种射门技术。击球时，双脚前后站位，下面的握杆手稍向下移动以便将球更有力地击出；持杆上端的手同侧肩对着球门，球位于两脚前。击球前先确定射球目标，同时上体向后转动将杆向后方挥起且不超过肩部，两膝微屈，后腿用力蹬地，重心移到前腿，力量传递到腰腹，使上体向前转动，靠肩带动上臂发力，从后向前迅速挥杆，用杆刃弯曲处击球的后部。击球时需及时调整杆刃的倾斜角度，便于控制击出球的高低。动作需要快速、准确、连贯。

2. 反手击射动作要领

反手击射是威力最大的一种射门技术。两脚前后站立，将球拨到前脚或者侧前方，重心移到后腿，用反拍控制球，准备射球时，持杆下面手一侧的肩侧对着球门，下手稍微向下移握杆，球在侧前，先看射门目标，再看球。上体向后转，同时向身体斜后方挥杆，持杆的手臂也向后方扬起，利用转体加挥臂的力量，将球击出。

3. 拉射动作要领

拉射是射门的基础技术。拉射时，肩需要对准球门方向，将球拉到后脚一侧，用杆刃扣住球，两手适度握紧球杆，手腕要灵活有力，目光看向球门，余光看球。身体重心由后腿移向前腿，两手拉杆向前推射球，加速上手回扣动作，使球经杆刃弯部滚到尖部飞出。射出的球高低角度取决于杆刃与地面的角度。

4. 弹射的动作要领

弹射是使用腕力，快速、突然、动作幅度较小、比较隐蔽的射门方法。弹射时，重心移到离球较近的腿上，球杆刃先后摆到离球 30 cm 左右的高度，杆刃向前倾斜较大，用力挥杆将球击出。

5. 挑射的动作要领

挑射是当自己在对方门前，而守门员因做防守动作躺倒时，须将球挑起使球从守门员的身体上方射入门内。挑射时，先用杆刃贴扣住球，两手腕快速向上翻转发力，顺势向前上方挥杆，使杆刃兜住球体的后下部，向上方或者斜上方挑起射出。

6. 常见问题

（1）无法控制击球点，射球的准确性差。

（2）上下肢的动作不协调，轮滑杆的拍面方向控制不好。

（3）心里过于紧张，控球时操之过急，造成技术动作变形。

7. 解决方法

（1）原地定点射球。距离由近到远，挥杆力量由小到大。

（2）2 个人一组行进间传球、接球与射门。

（3）在球门附近练习接球后挑射。

三、守门员技术

守门员的技术包含基本姿势和移动。在比赛过程中，失分少主要取决于守门员。守门员如同是一个队的心脏，守门员技术的好与坏对比赛的胜负起着关键的作用。

（一）守门员的基本动作姿势和移动

1. 蹲姿

轮滑球守门员普遍采用低姿蹲屈势。双腿并拢，深蹲，后轮抬起，用刹车器和前轮着地。抬头，眼睛平视前方，上体放松，稍微前倾，两臂放松伸直垂于体侧，握杆手将杆横于脚前。

2. 移动

移动包含侧跳和侧滑。侧跳在基本蹲姿的情况下，用双脚前轮蹬地向侧跳。跳起和落地须保持基本蹲姿。侧滑是身体向左移动时，左脚尖外转，用四轮着地，右腿向右侧蹬地，左腿向左滑出一步，右脚快速回收与左脚并拢成基本蹲姿。向右侧移动时动作相同，方向相反。

（二）挡球

1. 四角的防守

球门的 4 个角是守门员最难防守的位置。对方进攻时，很容易在守门员的腿部两侧 1、2 号门角上得分。特别是手持杆的那侧。防守两个底角时，用球杆、脚、护腿与手套；防守两个上角时（守门员头部的两侧），使用手套和整个身体。

2. 半分腿挡球

对方射球较低并偏向面前时，身体稍前倾并转向来球方向，一个腿蹬地使身体重心向来球侧移动，来球侧的腿向侧踢出，后腿蹬地成跪姿。

3. 侧倒挡球

此技术用于晃门及远侧地面球。侧倒时身体重心放在前腿上，后腿离地收回，身体重心移动，两腿向一侧滑倒，两个腿并拢垂直于地面，一手在上准备防守来的高球。

4. 挡高球

当来球射向握杆手一侧时，用握杆手的手背挡球。射向另一侧非握杆手时，用非握杆手的手掌心将球挡出。

5. 杆挡球及处理球

当来球贴地面射向两侧下角时，也可用球杆贴地面将球挡出或打出；当防守员做出第一个动作（用手或腿）把球挡落在门前时，要快速用杆将球扫向两侧门线之外，避免对方补射或错将球碰入自己球门内。

6. 常见的问题

（1）错误判断来球的方向。

（2）动作迟缓、不灵活。

7. 解决方法

（1）熟练掌握基本功，加强侧跳和侧滑的移动练习。

（2）一个人连续在不同区域射门，守门员练习各种挡球技术。

第三节　轮滑球的场地和器材

场地：轮滑球场地地面平坦、光滑，周围有 1 m 高的围栏，围栏柱和横梁可用圆铁管制作，中间焊有粗铁丝网，靠近地面的 20 cm 处，必须按规则用 2 cm 厚的木板围成挡板。围栏也可用木制或者其他坚实材料制成光滑平面的挡板。

标准比赛场地长 40 m、宽 20 m。规则允许的最小尺寸为长 34 m、宽 17 m，最大尺寸为长 44 m、宽 22 m。四角圆弧半径为 1 m。场地上面有中线、回场线、禁区、罚球点、争球点、任意球限制圈等。

球门：长方形，门柱和横梁用长 9 cm 直径的铁管制成。门外用结实网覆盖，门内 35 cm 处挂一垂网以防球反弹出去。球门内侧宽 170 cm、高 105 cm，上边深 46.5 cm，底座深 92 cm。

球杆：木制，形状与曲棍球杆相同，但杆头两面都是平面，两面都可击球。杆头最宽处应从 5 cm 直径的圆环中穿过。全杆长不超过 115 cm，不得短于 90 cm，质量不可超过 500 g。外面可用有色胶带或布缠绕。

球：圆形，为一色（全黑或全灰）。用软木做芯，外包硬橡胶。圆周长 23 cm，重 155.925 g。对球的要求是弹性越小越好，因此比赛时一般用冷冻过的球。

运动员护具：运动员护具需配置护膝、护腿、护身、手套。

守门员护具：上衣（即护胸、护臂连接在一起的上身护具）、头盔面罩、护身、护腿、手套。

第四节　轮滑球比赛的规则与裁判

一、比赛规则

（一）球队

每支球队共 10 人；在比赛时每队上场 5 人，即 1 名守门员、2 名前锋、2 名后卫；另有 5 名运动员为替补队员。守门员的号码必须是 1 号，替补守门员是 10 号，队员的号码为 2~9 号。每队所允许的最少人数是 6 人（2 名守门员，4 名队员），不足人数则不允许该队参加比赛。在比赛进行中如因受伤或受罚而场上只剩下 1 名守门员和 1 名运动员时，判该队比赛失败。

（二）开球

开始比赛前，裁判员将召集双方队长，用抛币的方式挑选场地。如果抛币胜利者挑选守防的球门，则负方选择先开球；若是胜利者选择先开球，则负者选择防守的球门。

开球时，裁判员将球放在场中央开球点上，只允许开球队的两名队员站在中圈内，其他队员必须位于中圈以外自己半场内，当裁判员鸣哨即可开始击球。

上半场"挑门"的队下半场首先开球，每次射中球门后由被射中球门的队在中心开球点开球。

（三）比赛时间

一场正式比赛分为上、下两个半场，每半场 20 min，少年队每半场则是 15 min。这是指实际比赛的"净"时间，即开球时开表，裁判员每次吹哨都停表。此外，两个半场之间休息 10 min。如果一场比赛必须分出胜负，而全场结束时双方战平，须休息

3 min 后进行加时赛，加时赛每半场为 5 min，也分两个半场。如果加时赛结束时双方战平，即用罚点球决定胜负。

（四）比赛要求

比赛两队各上场 5 人，其中 1 名为守门员。运动员脚穿轮滑鞋，手执长 91 ~ 114 cm 的木制球杆在一块长 22 m、宽 12.35 m 的长方形水泥质或花岗石制成的硬质地面球场上进行比赛。运动员可以传球、运球，通过配合把球攻入对方球门得 1 分，得分多者为优胜队。球门高 1.05 m、宽 1.54 m，分置于球场两端线的中间。比赛用球形如棒球，质量为 155.925 g。每场比赛分两局进行，每局 20 min。

1. 换人

比赛进行中替换队员可以不通过裁判员，但必须是被替换的队员先出场，然后替补队员方可进场，违反此规定，对换出场和换进场的队员均判罚离场 2 min（由其他队员代替上场比赛）。如无法确定是哪些队员出场时，将入场的队员和队长判罚 2 min。替换守门员必须在比赛停止时进行，并须通知裁判员，裁判员可给予 30 s 进行替换。

2. 争球

裁判员判定争球的手势是一只手臂举起超过头部，两手指是"V"字形，表示由双方进行争球。争球时，双方各一名运动员到裁判员指定的地点，面对面站立，背向自己球门，球杆弯曲部放在地上，距离球 2 cm，当裁判员吹哨时队员开始击球或者抢球。如队员在争球时犯规，判由对方发间接任意球。

一般判争球，主要是由于非任何一方的原因造成的比赛停止。例如，双方队员的球杆同时击球造成球出界，球意外地打在守门员的护具里造成比赛停止；球门被无意撞移位时造成比赛停止等。

争球一般应在比赛停止的地点争球，但在禁区内和球门以后停止比赛时，争球应在最靠近比赛停止地点的禁区角争球点上进行。

3. 进球

当球完全越过两门柱之间的球门线时即算射中球门，但必须是用球杆射入的方为有效。如果用手打、脚踢使球进入球门则判无效。凡是守门队员用球杆或者身体将球射入或者碰入自己的球门，进球有效。罚间接任意球时，不得一击直接入门，如进球判无效。

4. 有利原则

比赛中出现犯规应停止比赛处罚犯规队员，但若是停止比赛对非犯规队不利时则不应停止比赛也不判罚，而应允许比赛继续进行。这就是执行有利原则。例如，攻队在进攻时守队犯规，但攻队仍在控制球继续进攻时，则不应停止比赛，而应让比赛继续进行。此时裁判员应做双臂向前挥的手势。

5. 点球

定点罚球是将球放在罚球点上对球门直接射门或单独攻门。当守门员在己方禁区内严重犯规或非法阻止了射门得分，将被判罚点球。罚点球时，双方其他队员均退到中线以后，守门员站在距离球门 50 cm 的线后，在裁判员鸣哨前不得移动；当裁判员一鸣哨，罚球员开始射门或攻门，所有其他队员都可前去参加比赛。罚球员可自行决定直接射门还是运球攻门，如直接射门则不可以做假动作，射门后在球触及守门员、球门或其他队员不得再触球。如果决定运球攻门，可向任意方向和地点运球或传球，并可在射球后无论球是否触及球门或者其他队员，他都可再去触球。

6. 回场线

场上每队从己方球门后底线离最近的回场线之间的区域称为该队的守区。

（1）每队在己方守区内控制球不得超过 10 s，从与对方队员脱离接触时开始计算。如违反本条规则，判由对方在距离犯规地点最近的禁区上角罚间接任意球。

（2）在任何条件下，双方队员都不得把球传入自己的守区，违反此条规则，判罚在球越回场线的地点由对方罚间接任意球（执行有利规则除外）。

7. 纪律卡

裁判员带有 3 张纪律卡，按照颜色称黄牌、蓝牌、红牌。它们比赛场上的作用如下：

黄牌用以对犯规队员作第一次正式警告。

蓝牌用以对犯规队员罚离场 2～5 min。一般当犯规队员曾受到黄牌警告时，再犯规给黄牌警告的同时，则给予蓝牌判罚。受罚期间该队可派其他队员替他上场比赛。

红牌用以将严重犯规的队员罚出场，取消其参加当场比赛的资格。一般如某运动员在一场比赛内第二次被判罚蓝牌时，则变为红牌处罚，但对于特别严重的犯规者也可不经过黄牌、蓝牌而对犯规者直接给予红牌处罚。

二、场上裁判员的具体要求

（1）裁判员的服装。裁判员的第一套服装为白色长袖衬衫、白色长裤、白色运动鞋；若比赛当中某队运动员穿白色上衣时，裁判员第二套服装的上衣为黑色长袖衬衫，下装不变。

（2）场上位置。两名裁判员在场上各位于一侧边线，始终呈对角线位置。当球在某端区内时，一名裁判员位于禁区底线位置，能从守队的后面和攻队的前面观察比赛，另一名裁判员位于该半场靠近中线的位置，从攻队的后面和守队的前面观察比赛。

（3）移动。当攻守双方转换，球从一端向另一端区域移动时，原位于中线处的裁判员迅速移到另一端的底线处，原位于底线处的裁判员上移到靠近中线位置。

（4）换位。两名裁判员在半场内边线位置不变，始终位于球场的某一侧边线上，但经常交换端区，一般 3～4 min 换一次。端区的交换可以在比赛停止时交换，也可以在比赛进行中交换。交换时，一名裁判员两手掌在腹前交叉，用手势向另一名裁判员示意，两人迅速移动换位，交换时一般选择在两人都较靠近中场时，避免球在某端区门前进攻时交换。

（5）两位置的任务分工。位于底线处的裁判员负责观察门前及球门附近区域的比赛情况，特别是禁区内的比赛情况；及时观察球门，确定有无进球及是否有效；主持该半场内的罚点球和直接任意球、禁区角上发间接任意球、靠近底线和禁区角上执行的争球。

位于中线处的裁判员负责观察其余区域的比赛情况；当罚点球和直接任意球时负责

维持其余队员的位置和秩序；负责主持上、下半场比赛开始和进球后重新开始比赛、靠近中场的争球和吹全场比赛结束的哨。

判定发间接任意球时原则上位于发球队员后面的裁判员主持发球。

两名裁判员有一定的位置分工原则，但要密切配合，互相弥补。例如，负责某一区域的裁判员对某一犯规没有看见，另一裁判看见即可吹哨判罚，不应考虑是否抢判，而以维持好比赛为重。

（6）两名裁判员判同一队犯规，但判罚程度不同时应按判罚较重的执行。如果两名裁判员判的是不同的两个队犯规时，按位于中线处的裁判员的决定执行。

（7）记录员的职责和工作方法。记录员的职责是正确掌握受罚队员的受罚时间，并使其适时地返回场内。当有队员被蓝牌罚离场时，应准确记录下受罚队员的号码，受罚出场时间，受罚几分钟，并为受罚队员安排好座位。当受罚队员询问时，告诉其尚需受罚的时间。当受罚队员受罚时间结束时，一定让其在此后的第一次比赛停止时再返回场内，以免因此造成场上人数过多。

第十三章

滑板运动

第一节 滑板的起源

滑板起源于美国西海岸的加州冲浪运动。20 世纪 50 年代中后期出现的最早滑板经过钉上 4 个轮子改装而成。20 世纪 60 年代"Sidewalk Surfing"陆地冲浪滑板诞生，质量较差，配置简单粗糙。经过几十年的演变，20 世纪 70 年代初发明的轮子使用聚氨酯为原材料，坚固耐磨，PU 轮使滑板选手们从嘈杂颠簸的滑行变为舒适沉稳运动，古老的滚珠轴承由精密轴承而替代。进入 20 世纪 80 年代，滑板直板面演变成"双翘板"，目前比较常见与流行，它的特点是木制板面，两头翘起式，更适用于滑板选手做各种的翻板动作。

滑板技术相对比较复杂，滑板分为障碍滑板、花样滑板与自选滑板 3 种，其技术各有特点。

第二节 障碍滑板

一、基础动作

（一）单脚直线滑行

直线滑行是指滑板在地面移动后留下的轨迹是直线。

动作要领：一只脚踩在板的侧后方的地面上，另一只脚踩在板的前桥位置，脚尖内扣，半蹲，身体重心落在板上这条腿上。蹬地时脚的用力由后脚跟过渡到前脚掌，蹬动腿由大腿带动小腿。蹬地结束后，后脚落在板的后桥位置。

单脚直线滑行如图 13.2.1 所示。

> **温馨提示** 重心始终在支撑腿上，蹬动腿从板上腿的侧前方开始用力蹬地，蹬地后尽可能保持长时间的单腿支撑。

（二）曲线滑行

曲线滑行是滑板学习中的基础动作之一，要点就是身体重心的转移。

动作要领：身体重心靠前，滑板向前转；身体重心靠后，滑板向后转。曲线滑行时

(a)　　　　　　　　　　　　　　(b)

图 13.2.1　单脚直线滑行

（a）上板；（b）滑行

身体重心的转移需要全身的配合，即转肩膀，肩膀带动腰，腰带动腿。

曲线滑行如图 13.2.2 所示。

(a)　　　　　　　　　　　　　　(b)

(c)　　　　　　　　　　　　　　(d)

图 13.2.2　曲线滑行

（a）Carving 右压；（b）Carving 左压；（c）Switch 180 – 反脚压板边

（正脚落板头桥钉处）；（d）Switch 180 – 反脚归位

扭动滑行即利用身体的扭动，使滑板向前移动，在地面形成"V"字形轨迹。

动作要领：采用滑板的基本姿势侧对滑行方向站立（左脚在前，右脚在后），膝关节向左扭转，随之重心逐渐后移，面对滑行方向，重心继续后移，使板头抬起，左脚用力蹬地，身体偏离直线方向，向"V"字形的第一斜线方向移动，胸逐渐转向对板头方向。重心继续后移，超出支撑面，随着身体的快速向前滑行，使重心逐渐恢复并接近支撑面。这时重心要降低，上体向脚尖方向（左）转，上体与下肢呈扭动姿势，上体右移超出支撑面，左脚向后蹬地，再次使板头抬起，向"V"字形的另一斜线方向移动，重心前移，肩对滑行方向。移动下支撑点，重心逐渐接近支撑面，重心下降，开始第二次扭动滑行。

> **温馨提示** 膝关节始终微屈，蹬动腿充分蹬直。

（三）刹车

刹车是采用特定技术使运动停止。

1. 单脚刹车

把后脚从板上挪开，通过和地面摩擦，从而达到减速刹车的作用。全程使用脚摩擦地面，按照刹车速度需求的不同调节后脚跟摩擦的力度，直到速度变慢停住。单脚刹车如图 13.2.3 所示。

（a）　　　　　　　　　　　　　　　　（b）

图 13.2.3　单脚刹车

（a）上板后脚站位；（b）脚刹

> **温馨提示** 一只脚下板，脚着地时，同时移重心。

2. 转体刹车

转体时，板头向脚尖的方向转为正向转体，板头向足跟方向转为反向转体。动作中不指明方向的为正向。转体刹车是运用板尾部与地面的摩擦，身体带动板转体180°，使运动停止的动作。转体刹车如图13.2.4所示。

图 13.2.4　转体刹车

动作要领：一只脚踩在板前桥稍后位置，另一只脚的足跟踩板尾后翘（前脚掌在板外），侧向站立，膝关节微屈，肩对滑行方向，利用向前滑行的速度，身体前倾，前腿逐渐抬起，重心后移，板头翘起，板尾部拖地，后脚掌着地，身体带动板转体180°，将运动停止。

3. 侧滑急停

使运动急速停止的动作为急停。

动作要领：左脚踩在板的前桥上稍前位置，右脚踩在板尾，两膝微屈，使肩对准滑行方向。向前滑行的同时迅速下蹲，脚用力踩在板上，体稍前倾，臀部后坐，重心后移，右脚向前突然平拉与平推，身体带动板快速转体90°，利用轮与地面的摩擦使运动急速停止。

二、基本技术

（一）倒板

倒板分为手倒板和脚倒板两大类。

1. 滑行倒板

滑行倒板是上体带动板，使板沿水平方向转动180°，形似走步，如图13.2.5所示。

动作要领：左脚踩在板的前桥上稍前位置，右脚踩板尾后翘，侧向站立，肩对滑行方向。重心前移，身体转向胸对滑行方向。重心继续向左脚方向移动，直至移到左腿上，后轮抬起，以左脚为支点，上体带动板向左转体180°，右肩对滑行方向，后轮着地，完成一步。重心可继续前移，逐渐转向胸对滑行方向，以右脚为支点，上体带动板向右转180°，即第二步，也可称为一个完整的滑行倒板。

（a）

（b）

（c）

图 13.2.5　滑行倒板

（a）外转 – 下蹲蓄力；（b）外转 – 空中 180°；（c）外转 –360°落地下蹲缓冲

> **温馨提示**　转体时应以上体带动板转动；防止上体与腿的动作脱节，身体看似一整体；重心始终向前移动。转体时上体保持正直。

2. 180°跳倒板

以左脚在前为例，左脚踩板头，右脚踩板尾，脚尖侧对滑行方向，膝关节微屈，重心落在两脚之间，用力踩板，重心稍前移，后轮微微离开地面，右脚向后用力踢出，随之左腿蹬板面，左脚向前平踢，使板沿水平方向转180°。两脚自然分开落在板上，着板时顺势屈膝缓冲。180°跳倒板如图 13.2.6 所示。

（a）　　　　　　　　　　　　　　　（b）

（c）　　　　　　　　　　　　　　　（d）

图 13.2.6　180°跳倒板

（a）Pop – Shovit – 起跳前双脚站位；（b）Pop – Shovit – 下蹲蓄力；（c）Pop – Shovit – 起跳、
后脚点板抠板尾；（d）Pop – Shovit – 收脚落地微蹲缓冲

> **温馨提示**　脚踢时应平踢；加大板与脚的摩擦；动作迅速、果断。

（二）跳跃

跳跃分为一般穿越与带板跳跃。

1. 一般穿越

一般穿越是指滑行中板从障碍物底下穿过，人跳起越过障碍后，落在板上边的动作。当遇到与地面有一定距离的障碍时，可采用穿越动作。穿越障碍时可根据障碍的高低，采用不同的开始姿势、蹬地力量和空中身体姿势。障碍物较高可采用深蹲的开始姿势，跳起时身体稍微前倾，空中身体姿势是大腿尽量靠近胸部。障碍物较低时，采用膝关节微屈的开始姿势，向上跳起时身体保持正直，跳起后大腿自然上抬收至胸部。

动作要领：基本姿势站立，遇到障碍时，转体面对滑行方向，下蹲向上跳起，大腿上抬收至胸部，人体从障碍上越过，板从障碍下穿过，越过障碍物后，腿部逐渐下伸，落板时顺势加深膝关节的弯曲缓冲。

2. 带板跳跃

带板跳跃（Ollie）是指用脚带动板跳起腾空的动作，它是障碍运动的基本技术。

动作要领：

（1）基本姿势。将前脚放在滑板中间，后脚踩住板尾。身体重心落在两脚之间，同时目视前方，如图 13.2.7 所示。

（2）起跳。身体呈半蹲状。起跳时，后脚的前脚掌用力点在板的尾部正中，并将腿蹬伸，使身体重心上升，臂上摆，同时前脚翻动脚背把板向前上方拉送出去，后脚紧跟滑板跳向空中，板升空后，腿继续上提把板拉平，两脚微微前送，同时尽可能团身，如图 13.2.8 所示。

图 13.2.7　Ollie – 起跳前双脚站位

图 13.2.8　Ollie – 下蹲蓄力

（3）腾空。前脚的外侧触板腿向前踢，板与身体同步向前运动，前脚滑过前桥，双腿呈蹲姿，使板尾上升，直到板在空中与地面平行时，前脚滑向板前桥，向下压的同时展膝。注意空中动作的放松，如图 13.2.9 所示。

（4）落地。板与身体逐渐下降，落地时双腿屈膝缓冲，如图 13.2.10 所示。

图 13.2.9　Ollie – 后脚点板起跳、前脚刷板

图 13.2.10　Ollie – 落地微蹲缓冲

（三）滚板

1. 尖翻

确定站位。点板时，身体重心偏后脚方向，在前脚向上带板、拉平、踢出等动作过程中身体重心由偏后脚方向移向正中央。

2. 带板跳前滚板一周

动作要领：采用带板跳站位深蹲，左脚在前，右脚用力踩踏板，腿逐渐蹬伸，左腿上抬，右脚蹬离地面，左脚内翻的同时向上带板，并迅速向前踢出，用脚的前外侧拨板，使滚板一周。同时收右腿，重心上升，上提两腿尽量靠近胸部，逐渐展膝，板着地时顺势屈膝缓冲，如图13.2.11所示：

（a）　　　　　　　　　　　　（b）

（c）　　　　　　　　　　　　（d）

图13.2.11　带板跳前滚板一周

（a）尖翻－下蹲蓄力；（b）尖翻－后脚点板起跳；（c）尖翻－前脚脚尖向斜前方刷板；（d）尖翻－收脚落地缓冲

温馨提示　蹬动腿充分蹬伸；左腿上提接近最高点时，用脚的前外侧迅速向前拨板；空中大腿上抬向胸部收起，着地时顺势屈膝缓冲。

（四）带板跳向前绕脚一周

绕是利用脚或手使板沿横向绕脚转动。绕脚包括前绕脚和后绕脚。前绕脚是使板围绕脚向滑行方向转动；后绕脚是使板围绕脚向滑行的反方向转动。绕脚可直接跳起做绕脚动作，也可做带板跳绕脚动作，采用带板跳绕脚技术跳跃各种障碍。下面介绍带板跳向前绕脚一周动作要领及练习方法。

动作要领：两腿深蹲，后脚用力踩踏板，腿逐渐蹬伸，前腿向上收起上提，脚内翻，两臂上摆，板头翘起，板尾着地。后脚蹬伸并蹬离板面，前腿上提同时向上带板，进入腾空阶段。前脚由内向外绕使板由脚内侧，经脚背、脚外侧至脚掌绕脚一周，然后两腿逐渐下伸，脚至板上前后桥的上方，腿继续下伸，着地时顺势弯曲膝关节缓冲。

常用练习方法：将板悬挂在斜坡上，且坡的高度需高于膝关节，练习者一腿站立，绕板脚在板上，原地进行脚绕板练习。要多进行练习。

三、器材要求

（一）小跳台

小跳台主要是利用跳台或 U 形坡道，使身体腾空，完成各种腾起动作。

1. 蹲腾起

动作要领：左脚在前，右脚在后，采用蹲立滑行的技术向上滑。板头接近小跳台的上沿；两脚用力蹬地向上跳起，双腿向胸部上提，身体向上团身腾起，双手向上侧展开；到最高点时，逐渐展膝，着地瞬间顺势屈膝缓冲，手自然回落。

蹲腾起如图 13.2.12 所示。

（a）　　　　　　　　　　　　　　　（b）

（c）　　　　　　　　　　　　　　　（d）

图 13.2.12　蹲腾起

（a）Ollie 下抛台 – 滑行脚位上障碍物；（b）Ollie 下抛台 – 后脚点板、前脚刷板；
（c）Ollie 下抛台 – 前脚下压拉平滑板；（d）Ollie 下抛台 – 落地缓冲

2. 腾起转体 180°

腾起转体 180° 是指利用小跳台等特定器械，使身体腾起，并带动板转体 180° 的动作。

动作要领：左脚在前，右脚在后，采用蹲立滑行的技术向上滑上器械；当滑至器械的上沿时，两脚用力蹬板向上腾起，两腿尽可能上抬收起，身体带动板向右转体 180°；身体在空中的姿势呈深蹲，然后逐渐展膝，板着地时顺势屈膝缓冲，手离板。

（二）大跳台

首先介绍几个相对器械位置的运动概念。

（1）上：由地面或特定器材较低的部位向上移动到较高的部位。

（2）下：由特定器材较高的部位向下移动到较低的部位或地面。

（3）滑上滑下：滑上滑下是障碍滑板特定器材最基本的技术。用于斜坡、各种跳台、金字塔。滑上滑下分为站立滑上滑下和蹲立滑上滑下。站立滑上滑下用于斜坡、跳台等的简单站立上下；蹲立滑上滑下用于蹲跳类动作和腾起类动作。

1. 站立滑上滑下

动作要领：右脚单脚蹬地向前滑行，使板产生向前移动的速度，右脚落在板的后桥稍后位置，脚尖朝前，左脚踩在板前桥上，侧对滑行方向，膝关节前弓弯曲。当向前滑行接近器材时脚向下踩板，重心逐渐后移，即向右脚方向移动，两腿向上带板上滑时重心继续后移。当板头接近器材的上沿时，顺势滑下。重心向左脚方向移动，当接近地面时加深膝关节的弯曲角度缓冲。

2. 蹲立滑上滑下

动作要领：左脚脚尖正对滑行方向，踩在前桥板面稍后位置，右脚蹬地向前滑行，使板产生向前移动的速度后，左脚踩前桥板面上稍前位置，右脚踩板尾后桥稍前，脚尖侧对滑行方向深蹲前滑。当接近器材时左手在体后握板，脚向下踩板，两腿向上带板，重心逐渐移向右脚，并滑上器材。上滑时重心继续后移，当板头接近器材的上沿时重心向左脚方向移动，顺势下滑。

3. 滑上卡轴下

凡是用轴卡在特定器材上为卡。卡轴分为卡前轴、卡后轴、卡双轴。

动作要领：一只脚在前，另一只脚在后，单脚蹬地起滑站立，当滑至接近器材时，脚向下踩板，板滑行方向逐渐向胸部时，重心逐渐后移，两条腿上提上滑。当板头接近器材时，前腿首先上提，前轴卡在器材上沿，然后前腿上抬使板头抬起，重心逐渐前移滑下，着地时顺势屈膝缓冲。

（三）斜板

在斜板上可完成陆地上滑上带板跳转、滑上倒板下、滑上 180°跳倒板下、滑上带板跳下等动作。滑上滑下时通常采用站立式滑上滑下技术。

（四）骑肋

骑肋指用滑板肋部在特定器材（如火车道的钢轨、楼梯蹬）上横移的动作，包括正骑肋和反骑肋。

正骑肋动作要领：右脚在前，借助侧对滑行的速度，背对器材下蹲。起跳时重心稍后移，身体带板向右转体90°，板的肋部横搭在器材上，膝关节前屈，身体保持正直向前滑行姿势，滑到器材的另一端时，屈膝，降重心，两脚蹬地向上跳起，使板再左转90°，使板头对滑行方向，下降时逐渐展膝，落地时屈膝缓冲。

（五）骑轴

骑轴是指利用滑板的轴在特定器械上纵向移动。

动作要领：板的一端正对器械方向向前滑行，双腿下蹲，重心稍后带板跳上器械，板的两轴接触器械向前滑行。滑行过程中膝关节微屈，重心偏后。头转向滑行方向，滑至另一端时，前腿上抬，板头抬起，脚蹬板从器械上跳下，下落时逐渐展膝，板着地时屈膝缓冲。

第三节　花样滑板

花样滑板是在特定U形坡道等器械上进行的滑板运动。

一、滑行

起滑时站在U形池的台面上，通常采用半蹲滑行和深蹲滑行两种形式，从上向下滑，获得较大速度，采用哪种方式看具体动作。滑行是花样滑板最基本动作之一，必须认真掌握。

动作要领：板尾搭在池边，侧向站立，目视前方，左脚踩在板尾，膝关节前弓微屈，重心落在左脚上。右脚抬起，脚踏在前桥板面上，右脚向下踩板，同时深蹲下滑，下滑时重心稍后，下滑接近池底时，重心再逐渐上升。在池底处身体呈半蹲姿势，然后开始上滑，重心稍后移，臂上摆，身体逐渐抬起，重心逐渐抬高；当滑至接近U形池上沿时，大腿向胸部收起，重心降低；随着身体下滑，重心再稍向后移。

二、腾起转体180°

腾起类动作是花样滑板比赛中最具特色的动作。滑板者腾起后凌空翻转、翻腾，要求具有较强的身体控制能力和空中感觉，具有较强的观赏性和刺激性。

动作要领：右脚在前，左脚在后，利用U形池的下滑技术下滑，上滑时重心向后移动，上滑接近U形池的上沿时右手在体后握板，身体向足尖方向倾斜，利用上滑的速度，两脚用力蹬地向上跳起，身体腾起后带动板向左转体180°。转体时两腿尽量收于胸下而完成转体，同时逐渐向下展膝，重心稍后，落至坡面时顺势屈膝缓冲，下滑时重心逐渐升高。

第四节　自选滑板

一、起板跑手侧板180°跳上板

动作要领：侧向站立，右脚踩在板面后桥上，胸对滑行方向下蹲，右脚落至地面上，右手在体前掌心向内握板并向前上方提板，左腿上抬，右腿逐渐蹬伸，左脚离板下落，右脚向前跑动，同时右手倒板 180°。左腿蹬地向前上方跳起，右腿向前上方摆动，大腿尽量靠近胸部，同时右手收回两脚，分别落在板面的前后桥上。腿逐渐下伸，着地时顺势加深膝关节的弯曲缓冲。

二、手倒立翻板两周跳上板

使板翻转 90°或 90°以上的动作称为翻板。

动作要领：侧向站立，下蹲，两手在同一方向撑板，一条腿向后上方摆动，另一条腿蹬地，在板上成手倒立姿势，两手推板的同时翻板，使翻板转两周，两脚逐渐落到地面后跳起，分别落在板面的两桥上。

三、剪脚跳

动作要领：深蹲，在板上板尾脚用力踩板并逐渐蹬伸，板头翘起，同时手握板头，后腿蹬离地面向上跳起，同时手提板。大腿尽量上抬接近胸部。一腿前踢，另一腿分开，腿迅速收回到板上，逐渐伸展腿下落到板上。

四、蹲跳手倒板 180°

动作要领：手在体后握板，后脚用力踩板，逐渐蹬伸同时前腿上提，板头翘起，后脚用力下蹬向上跳起，上体含胸团身，大腿上提接近胸部，手迅速倒板 180°，逐渐展膝，板着地时顺势展膝缓冲。

五、脚勾板翘脚一周跳上板

动作要领：右脚踩在板尾的后翘上，板尾着地，板头抬起，左脚在板下勾板，右膝前引下蹲，逐渐蹬伸，左腿上抬，右脚向上跳起，并迅速上抬，右脚从内向外绕，使板从内侧经脚背、脚外侧绕至脚掌，绕脚一周。两腿逐渐展膝下落，着陆时注意缓冲。

六、滑行蹲转 540°

动作要领：以左脚在前为例。左脚踩在板的前桥稍前位置，右脚踩在板的后桥稍后位置，向前滑行的同时下蹲。右手握在板的中部，左脚落下，身体带动板旋转 540°。

参 考 文 献

[1] 张强, 于明涛, 王立国. 滑冰轮滑 [M]. 桂林: 广西师范大学出版社, 2005.

[2] 徐三兆, 王尔. 速度轮滑运动 [M]. 北京: 人民体育出版社, 2005.

[3] 田麦久, 蔡睿, 于海燕. 轮滑运动入门 [M]. 南京: 江苏科学技术出版社, 2001.

[4] 李瑶章, 付进学. 轮滑运动 [M]. 北京: 人民体育出版社, 1993.

[5] 刘仁辉, 戴登文. 速度轮滑 [M]. 北京: 人民体育出版社, 2004.

[6] 乔治·拉底西, 弗兰克·吕格. 轮滑 [M]. 邓二红, 译. 北京: 人民体育出版社, 2001.

[7] 孙显墀, 孙一, 蒙猛. 速度轮滑运动技术与训练 [M]. 北京: 人民体育出版社, 2015.

[8] Publow Barry. Speed on skates [M]. Canada: Human Kinetics, 1999.

[9] 体育游戏教材编写组. 体育游戏 [M]. 北京: 高等教育出版社, 1996.

[10] 赵家琪, 杨锡让, 佟启良, 等. 实用运动生理问答 [M]. 北京: 人民体育出版社, 1993.

[11] 辛毅, 徐三兆, 王尔. 速度轮滑竞赛规则和裁判通则 [M]. 北京: 中国轮滑协会, 2005.

[12] 纪俊峰, 付进学. 陆地冰球竞赛规则 [M]. 北京: 中国冰球协会, 2004.

[13] 徐三兆, 王树本, 付进学. 轮滑竞赛规则 [M]. 北京: 人民体育出版社, 1997.

[14] 张瑞林, 黄滨, 赵富生. 篮球运动 [M]. 北京: 高等教育出版社, 2005.

[15] 张芃. 艺术形体训练 [M]. 北京: 中国纺织出版社, 2008.

[16] 埃德华兹. 轮滑: 明星技术 [M]. 郭鼎文, 译. 北京: 人民体育出版社, 2001.

[17] 王庆善, 杨元弟, 徐生仁, 等. 速度轮滑 [M]. 长春: 吉林人民出版社, 1988.

[18] 查默斯. 单排轮滑 [M]. 张一凡, 译. 北京: 北京体育大学出版社, 2003.

[19] 李秀良, 刘鹏. 从小玩轮滑 [M]. 北京: 人民体育出版社, 2001.

[20] 杨树人. 速度滑冰 [M]. 北京: 人民体育出版社, 2005.

[21] 李军. 青少年短道速滑运动员的营养补充 [J]. 冰雪运动, 2014, 36 (1): 18 - 21.

[22] 郭静璐, 唐宝盛, 郭耀亭, 等. 青少年速滑运动员日常训练阶段营养干预策略 [J]. 冰雪运动, 2014, 36 (5): 13 - 17.

[23] 杨则宜. 运动营养师培训教程 [M]. 北京: 人民体育出版社, 2007.